München ist eine Stadt der Lebensfreude, Kunst und Leben sind nicht zu trennen. Jesuiten im Barock, Spätromantiker und wittelsbachische Könige, die Boheme und revolutionäre Schriftsteller haben eines gemeinsam: Sie machten die Siedlung »Munichen« zur heimlichen Hauptstadt Deutschlands, zu einem Anziehungspunkt für Touristen aus aller Welt.

Auf den Spaziergängen in diesem Buch geht es durch die Altstadt, in der Brentano und Heine wohnten, später Michael Ende oder Rainer Werner Fassbinder; es geht durch die Straßensäle des Klassizismus auf den Spuren von Wedekind, der Familie Mann, Rilke und dem George-Kreis zu den revolutionären Geistern wie Toller und Mühsam. Über die Wiesn und die Schwanthaler Höhe schrieben Arbeiterschriftsteller wie August Kühn. Im Lehel wurde Lion Feuchtwanger geboren, der den München-Roman *Erfolg* ersann. Die Spaziergänge münden wieder in der Innenstadt, für die viele Emigranten aus der Ferne ihre Liebe bekunden als »Symphonie der heimatlichen Glocken«.

Gerd Holzheimer, Dr. phil., Studium der Germanistik, Geschichte, Politischen Wissenschaften und Philosophie. Literaturwissenschaftler und Autor, Veröffentlichungen im Bereich der Belletristik und des Sachbuches.

insel taschenbuch 3351
München

Liesl Karlstadt auf dem Viktualienmarkt

München

Ein Reisebegleiter
Von Gerd Holzheimer
Mit Stadtplänen
und farbigen Fotografien

Insel Verlag

insel taschenbuch 3351
Originalausgabe
Erste Auflage 2008
© Insel Verlag Frankfurt am Main und Leipzig 2008
Alle Rechte vorbehalten, insbesondere das der Übersetzung,
des öffentlichen Vortrags sowie der Übertragung
durch Rundfunk und Fernsehen, auch einzelner Teile.
Kein Teil des Werkes darf in irgendeiner Form
(durch Fotografie, Mikrofilm oder andere Verfahren)
ohne schriftliche Genehmigung des Verlages reproduziert
oder unter Verwendung elektronischer Systeme
verarbeitet, vervielfältigt oder verbreitet werden.
Textnachweise am Schluß des Bandes
Vertrieb durch den Suhrkamp Taschenbuch Verlag
Umschlag: Michael Hagemann
Satz: Hümmer GmbH, Waldbüttelbrunn
Druck: Druckhaus Nomos, Sinzheim
Printed in Germany
ISBN 978-3-458-35051-4

1 2 3 4 5 6 – 13 12 11 10 09 08

Inhalt

Wappen über dem Rathaustor

Vor den Spaziergängen

Das Münchner Kindl im Wappen ist ein Mönch, davon leitet die Stadt auch ihren Namen ab: erstmals 1158 als »apud Munichen« urkundlich erwähnt, also »bei den Mönchen«, 1214 dann als »civitas«, als Stadt. Noch immer sieht sich München auch gern als »Millionendorf« und bezieht sich damit auf seine bäuerliche Herkunft. Der Bauer und der Mönch als ursprüngliche Identitäten einer Stadtkultur rufen etwas bewahrend Bodenständiges in Erinnerung. Diese Eigentümlichkeit findet sich auch in Lion Feuchtwangers Roman *Erfolg*, der durchaus als Abrechnung mit München und seinen Bewohnern gelesen werden kann, die nicht nur einen wie ihn vertrieben haben:

»Die Stadt München war eine dörfliche Stadt mit wenig Industrie. Eine dünne, liberale Schicht von Feudalherren und Großbürgern war da, nicht viel Proletariat, viele Kleinbürger, noch sehr verwachsen mit dem Landvolk. Die Stadt war schön; ihre Fürsten hatten sie mit reichen Sammlungen geschmückt und gutem Bauwerk; sie hatte Paläste in Fülle und Anmut, Kirchen von Innigkeit und Kraft. Viel Grün war da, große Biergärten mit behaglicher Sicht auf Fluß und Berge.«

Auf dem Viktualienmarkt könnte man sich tatsächlich noch immer im Zentrum eines landwirtschaftlichen Paradieses wähnen. Gustav Meyrink, der Verfasser des *Golem*, behauptet sogar, München sei eine »erweiterte Sennhütte«. Der Bezug zum einstigen spirituellen Urort München kann aber auch sehr anarchistisch sein, wie zum Beispiel bei Oskar Maria Graf: »Und weil wir alle, wir echten Münchner, durch unsere katholische Herkunft nihilistisch in einem herrlich wurschtigen Sinne angekränkelt sind, darum läßt sich's hier gut leben.«

Was aber ist das Besondere dieser Stadt? Kulturelle Grundlage ist das Barocke, in dem Leben, Kultur und Religion nicht voneinander zu trennen sind: vitale Totalität, heitere Sinnenfreudigkeit, Schwung und Jubel, Farblust, mitreißende Hingabe an den Himmel, die Heiligen und die Nicht-ganz-so-Heiligen, das Spiel mit dem Spiel, selbst und gerade wenn es um die höchsten Dinge geht. Die Lust zur Stilisierung, zur Selbstinszenierung gehört unabdingbar dazu.

Mit den Jesuiten wird eine Tradition in München begründet, die sich in der Architektur, im Theater, in der Musik, in der Literatur, in der Einheit von Spiritualität und Kunst nahezu durchgängig beobachten läßt. Sie findet sich bei den Spätromantikern in Literatur und Philosophie im klassizistischen Isar-Athen und in etwas anderer Weise als Symbiose von Kunst und Lebenskunst in der Boheme der Jahrhundertwende in Schwabing.

»Es ist doch recht eigentümlich«, staunt Frank Wedekind zu Beginn seiner Münchner Zeit 1884, »daß die Bühnenwelt beinahe so groß ist wie die übrige Welt; hier in München ist sie fast noch größer, aber das hängt halt mit den Verhältnissen zusammen.« Immer wieder wird diese Seite Münchens beschrieben, wenn nicht beschworen, u. a. von Ernst Penzoldt: »Es gibt idyllische Städte, es gibt epische, München ist vorherrschend eine theatralische Stadt, südlichem Geiste verwandt. Manche seiner Bauten, glückliche und weniger glückliche, verdanken einer verzeihlichen Liebhaberei für Illusionen und Kulissenfreude ihre Entstehung.«

Es ist kein Zufall, daß die einzig wirkliche Revolution, die je in dieser Stadt, in diesem Land Bayern stattgefunden hat, von Schriftstellern wie Eisner, Mühsam oder Toller ausging und getragen wurde: Um eine »Realpolitik des Idealismus« war es ihnen zu tun, das ging allerdings ins Auge. Ein an der Kunstakademie abgewiesener Zeichner namens Adolf Hitler macht nicht nur München zur »Hauptstadt der Bewegung«, er verwandelt die Welt in ein Inferno. Eine neue Generation muß sich nach dem Krieg daran machen, wieder so etwas wie Kultur aus den Trümmern erstehen zu lassen. Von der alten Elite wie den Mitgliedern der Familie Mann, wie Brecht, Feuchtwanger, Oskar Maria Graf und anderen kehrt keiner zurück.

In diesem Reisebegleiter durch das literarische München entsteht mit zwölf Spaziergängen durch die Stadt eine Art begehbare Literaturgeschichte, in der Häuser und Straßen helfen, die Texte besser zu verstehen, während der Text den Ort in seiner poetischen Dimension sichtbar zu machen sucht. Das gilt auch für verschwundene Bauten oder für Plätze, die zerstört werden können, doch was darüber geschrieben wurde, bleibt. Der Wunsch, topographische Plätze als geistige Räume in literarischen Bildern erstehen zu lassen, kann freilich nicht immer im Verhältnis eins zu eins aufgehen. Manchmal mag das auf sehr glückliche Weise gelingen, etwa am Ausgangspunkt dieser Spaziergänge, am Odeonsplatz, in der Schellingstraße oder auf der Wiesn, manchmal muß thematisch zusammengefaßt werden, soll der Spaziergänger nicht auf einen Zickzack-Kurs geschickt werden.

Gottlob gibt es in dieser Stadt Inseln genug, so daß man kurz ausschnaufen kann und sich überlegen, wie es weitergeht – oder man bleibt, wo man ist, und sagt sich einen der wichtigsten Sätze dieser Stadt: Schau ma mal!

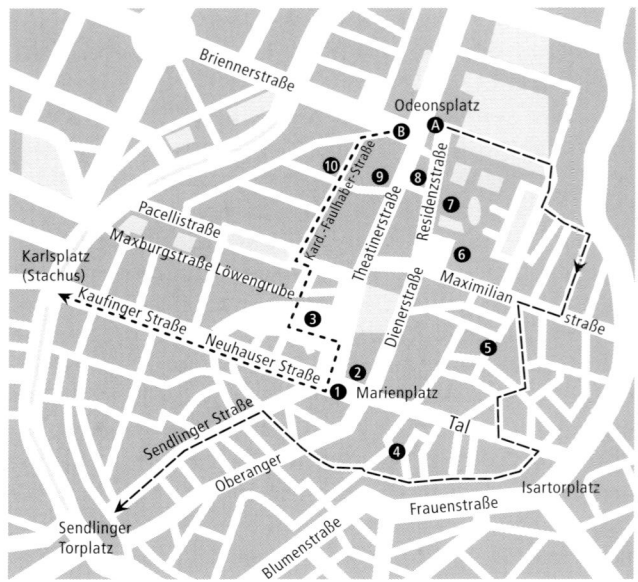

[1] Marienplatz [2] Rathaus [3] Frauenkirche [4] Viktualienmarkt
[5] Hofbräuhaus [6] Nationaltheater [7] Residenz [8] Feldherrenhalle [9] Theatinerkirche [10] Literaturhaus

In die Altstadt

[Erster Spaziergang]

Kaum ein Buch über München verzichtet auf die zum Glaubenssatz erhobene, aber in die Vergangenheit gerichtete Formel »München leuchtete« aus Thomas Manns *Gladius dei*.

Doch gibt es Tage, da leuchtet München tatsächlich noch immer, hell und strahlend, vor allem an Föhntagen, wenn selbst im Januar die Stühle vor das *Café Tambosi* am Odeonsplatz gerückt werden. Italien kann tatsächlich nicht weit sein. In den berühmten weiß-blauen Himmel hinein wölbt sich goldgelb die Theatinerkirche mit ihrer Fassade, den Türmen, den Kuppeln. Die Kulisse setzt sich zur Mitte des Platzes mit der Feldherrnhalle fort. Da steht ohne Zweifel die Loggia dei Lanzi aus Florenz, in ihrer Münchner Ausgabe im Stil des Klassizismus durch Friedrich Gärtner 1844 errichtet, gefolgt von der Fassade der Residenz und den Arkaden des Hofgartens: Renaissance und Barock im Original. In Form einer grandiosen Epochenverschmelzung wird ein Ensemble gebildet, als

Am Odeonsplatz

gehörte das nun einmal alles so zusammen, schon immer und für alle Ewigkeit.

Kaum jemand stört sich an dem Stilmischmasch, im Gegenteil, »es paßt schon«, wie man neudeutsch auch in München sagt, und kommt der Lust der Bewohner dieser Stadt an Inszenierung, am Spiel mit dem schönen Schein entgegen. »Die Kunst blüht, die Kunst ist an der Herrschaft, die Kunst streckt ihr rosenumwundenes Zepter über die Stadt hin und lächelt«: Das ist München, so wird es in der 1902 geschriebenen, 1903 in dem Novellenband *Tristan* erschienenen Novelle *Gladius Dei* von Thomas Mann beschrieben – mit einem Titelbild von Alfred Kubin versehen.

Doch fällt ein Schatten in dieses Leuchten. In der Auslage der Kunsthandlung Blüthenzweig entdeckt ein Jüngling namens Hieronymus auf seinem Weg von der Schellingstraße durch die Ludwigstraße eine ihm unziemlich erscheinende Madonnendarstellung. Sie ist »von berückender Weiblichkeit, entblößt und schön«, ungeniert unterhalten sich zwei junge Männer über das Bild: »Ein Weib zum Rasendwerden! Man wird ein wenig irre am Dogma von der unbefleckten Empfängnis.« Hieronymus, der drei Tage nach dieser Entdeckung einen »Befehl aus der Höhe« erhält, verlangt von Herrn Blüthenzweig die Entfernung der gotteslästerlichen Darstellung. Das Vorhaben mißlingt. Immerhin wird der eifernde Hieronymus nicht wie seinerzeit Savonarola auf der Piazza della Signora vor der Loggia dei Lanzi hingerichtet, sondern nur auf den Odeonsplatz hinausgeworfen, welcher dem Platz in Florenz schließlich auch nur nachempfunden ist.

Hieronymus aber hat eine große, entsetzliche Vision, er sieht »die Eitelkeiten der Welt, die Maskenkostüme der Künstlerfeste, die Zierate, Vasen, Schmuckstücke und Stilgegenstände, die nackten Statuen und Frauenbüsten, die malerischen Wiedergeburten des Heidentums, die Porträts der berühmten Schönheiten von Meisterhand, die üppig ausgestatteten Liebesverse und Propagandaschriften der Kunst pyramidenartig aufgetürmt und unter dem Jubelschrei des durch seine furchtbaren Worte geknechteten Volkes in prasselnde Flammen aufgehen«. In dieser Vision erscheint »ein breites Feuerschwert, das sich im Schwefellicht über die frohe Stadt hinreckte«.

Solchen apokalyptischen Eingebungen wird man in der Literatur dieser Stadt noch öfter begegnen: bei Josef Ruederer etwa oder in den Science-fiction-Romanen von Carl Amery *Der Untergang der Stadt Passau* und Herbert Rosendorfer *Großes Solo für Anton*. Hieronymus flüstert in Thomas Manns Erzählung schließlich die titelgebenden Worte: »Gladius Dei super terram ... Cito et velociter!« – Das Schwert Gottes komme über die Erde ... schnell und bald!

Die Vermutung liegt nahe, daß hinter der unziemlichen Madonnen-Darstellung Franz von Stucks Gemälde *Die Sünde* (1893) steht, das eine tatsächlich etwas laszive Eva zeigt, die in sattem Goldrahmen düster von einer Schlange umschlungen wird. In der Neuen Pinakothek ausgestellt, verursacht dieses Bild wie jeder Skandal wahre Wallfahrten, um entweder Entsetzen oder Begeisterung bestätigt zu finden.

Das München, von dem Thomas Mann spricht, etwa auch im *Doktor Faustus*, »ist das München der späten Regentschaft nur vier Jahre noch vom Kriege entfernt, dessen Folgen seine Gemütlichkeit in Gemütskrankheit verwandeln und eine trübe Groteske nach der anderen darin zeitigen sollten, – diese perspektivschöne Hauptstadt, deren politische Problematik sich auf den launigen Gegensatz zwischen einem halb separatistischen Volkskatholizismus und einem lebfrischen Liberalismus reichfrommer Observanz beschränkte, – München mit seinen Wachtparade-Konzerten in der Feldherrnhalle, seinen Kunstläden,

Synagoge und jüdisches Kulturzentrum

Dekorationsgeschäftspalästen und Saison-Ausstellungen, seinen Bauernbällen im Fasching, seiner Märzenbier-Dicktrunkenheit, der wochenlangen Monstre-Kirmes seiner Oktoberwiese, wo eine trotzig-fidele Volkhaftigkeit, korrumpiert ja doch längst von modernem Massenbetrieb, ihre Saturnalien feierte; München mit seiner stehengebliebenen Wagnerei, seinen esoterischen Koterien, die hinter dem Siegestor ästhetische Abendfeiern zelebrierten, seiner in öffentliches Wohlwollen gebetteten und grundbehaglichen Boheme«.

Der Gegensatz von Bürgertum und Künstlersein, von Geist und Kunst: dieses sein Thema findet Thomas Mann in München, in diesem Sinnenrausch von Malerei und Architektur.

Der Odeonsplatz ist ein guter Ausgangspunkt, die Geschichte der Stadt in ihren unterschiedlichen zeitgeschichtlichen Dimensionen zu erforschen. Zunächst wird, um den literarisch Interessierten auch gleich in ein entsprechendes Zentrum der Stadt zu führen, ein Gang zum Literaturhaus vorgeschlagen und von dort aus zum ehemaligen Jesuitenkolleg mit der St.-Michaels-Hofkirche, jenem Ort, von dem aus eine wesentliche Grundlage für die Kultur dieser Geschichte gelegt wurde – erst dann geht es quer durch die Altstadt.

Literaturhaus

Das Literaturhaus der Stadt München wurde 1997 eröffnet, Reinhard G. Wittmann mit seiner Leitung betraut. Zu »Hausgöttern« bestimmte er Thomas Mann und Oskar Maria Graf, zu dessen Ehren die New Yorker Künstlerin

Jenny Holzer mit Installationen im *Café Dukatz* beauftragt wurde. Seither sausen Sätze aus vier Erzählungen von Graf über eine elektronische Schriftsäule, die man bei der Laufgeschwindigkeit gar nicht entziffern kann. Auf den Tassen im Caféhaus wird Graf mit den Worten »Mehr Erotik bitte!« zitiert, auf den Untertassen mit »Mehr Sexualität die Herrschaften!« In den Suppentassen ist nach dem Verzehr

Thomas Mann

»Hingabe, Hingabe bis ins Letzte!« zu lesen, alles aus Grafs Autobiographie *Gelächter von außen*. Auf Lederbänken und Bierdeckeln sind weitere Graf-Sätze zu finden, ebenfalls auf zwei Granittischen vor dem Haus.

Gleichermaßen sieht sich das Literaturhaus als Ort der Vergegenwärtigung und Auseinandersetzung mit Werk und Person Thomas Manns. Unter anderem erinnert im dritten Stock ein ausgestopfter sibirischer Braunbär an die Familie Mann, der in ihrem Haus eine Holzschale für die Visitenkarten in den Vordertatzen hielt. Viktor Mann hat die Geschichte in seinen Erinnerungen *Wir waren fünf* aufbewahrt:

»Der Bär, ein Hochzeitsgeschenk aus Rußland für unsere Eltern, war ein Familienstück par excellence. Wir haben alle fünf in ihm eine Art Haustier gesehen, und später bedeutete er uns fast das Sinnbild des Hauses. Immer wieder entmottet, geflickt und geleimt, zog er mit uns von Wohnung zu Wohnung und kam nach meiner Heirat zunächst an mich, später zu Thomas in das Haus an der Poschinger Straße, wo er wieder in einer großen Diele spielenden Kindern zuschauen konnte.«

Jahrzehntelang stand dieser Bär dann im Schaufenster eines Lederwarengeschäfts, erst in der Sendlinger Straße, dann in der Kreuzstraße, und befindet sich nun als Dauerleihgabe im Besitz der Stadt München.

Auf dem Weg in Richtung Innenstadt zur Michaelskirche kommt man nicht um ein Bodendenkmal im Gehsteig vor dem Haus Kardinal-Faulhaber-Straße 14 herum – und soll es auch gar nicht. Es zeigt die Umrißlinie des Körpers von Kurt Eisner, des ersten Ministerpäsidenten des Freistaats Bayern, an der Stelle des Mordes. Von der Räterepublik wird noch ausführlich die Rede sein während des zweiten Spaziergangs durch die Brienner Straße.

Im Vergleich zu Rom, Madrid und Wien war München im 16. und 17. Jahrhundert eine kleine Stadt, Hauptstadt auch eines viel kleineren Landes und doch gehört es zu den Zentren eines spirituellen Raumes, der von einer katholisch romanischen Kultur geprägt war. Federführend sind die Jesuiten. Humanismus, Gegenreformation und damit ein neues Menschenideal lassen auch eine neue Kultur entstehen, die zur Grundlage des Barock wird. Gleichzeitig entsteht damit nördlich der Alpen eine Öffnung zu den höfischen und kirchlichen Gesellschaften Italiens und ihren Kulturformen, mit all der Bildhaftigkeit, der Lust am Spiel, am prallen Leben auch in der Gestaltung.

Herzog Wilhelm V. holt die Jesuiten nach München als wichtige Kämpfer in der Gegenreformation. Zum Zentrum jesuitischer Aktivitäten wird die Michaelskirche, deren Grundstein 1583 gelegt und die 1597 fertiggestellt wird: ein gewaltiger, am Stammgebäude der Jesuiten in Rom, der Kirche Il Gesù, orientierter Kirchenbau. Der Architekt Friedrich Sustris spannt über das Kirchenschiff ein Tonnengewölbe mit einer Breite von 20 Metern, einer Höhe

Die Theatinerkirche

von 28 Metern und einer Länge von 78 Metern – es ist weltweit das zweitgrößte nach dem Petersdom in Rom. Die Kirche ist dem Erzengel Michael geweiht, einem Schutzpatron Bayerns und Kämpfer für den wahren Glauben, weshalb er an der Außenfassade zwischen den beiden Portalen gegen den Teufel kämpft.

In der Schlußszene des 1597 zur Einweihung der Michaelskirche aufgeführten »Triumph des Heiligen Michael« stürzen 300 Teufel, unter ihnen »Apostasia oder abtrinnigkeit«, samt den Heerscharen der »ketzerey« in die hoch auflodernden Höllenflammen. So eindrucksvoll gelingen jesuitische Inszenierungen, daß etwa nach der Aufführung des *Cenodoxus* von Jakob Bidermann im Jahr 1609 Angehörige des Hofstaates um Aufnahme in die Gesellschaft Jesu nachsuchen.

Ein Höhepunkt im liturgischen Jahr war die große Fronleichnamsprozession als gewaltige Demonstration katholisch-bayerischer Frömmigkeit. Die oberste Leitung übernimmt der Herzog persönlich, ein eigener Lizentiat als Festarrangeur und Organisator wird bestellt, der alljährlich detaillierte Pläne zur Durchführung des Umzuges auszuarbeiten hat, der Hofmusiker Orlando di Lasso komponiert eigene Stücke, deren Ausführung Lehrern anvertraut wird, die sie wiederum mit ihren Schülern einzuüben haben – beteiligt sind alle Schichten der Bevölkerung. An die Spitze der Prozession werden Kinder gesetzt, ein kleiner Junge sitzt »mit dem Hörpeickle auff dem Elephanten«, andere musizieren als »Engl bey dem Jungsten gericht . . . do man auch die Tannbarin, pfeiffen, Dulcin, Driangl, Quintern unnd Pusaunen in Geprauch gebe«.

Der Historiker Lorenz Westenrieder beschreibt eine der Szenen, bei welcher der Lizentiat Müller die Vorbereitungen zur Fronleichnamsprozession 1584 trifft; Streß bereitet ihm ein tagelanges Sauwetter, welches den Höhepunkt, die herzogliche Kantorei unter Orlando di Lasso, ernstlich gefährdet. Doch geschieht ein Wunder. Als nämlich der Herzog mit seiner Kapelle aus der Kirche tritt und die Sänger das »Gustate et Videte« anstimmen, eine Komposition Orlando di Lassos, »da hebt die Sonnen dermaßen an S. Petersthurn an zu scheinen, das ich vor lautter freiden aus der ordnung tritt, und zu Ir. Frstl. Durchl. Hinzugeh und sag, Gustate et videte quam suavis sit Dominus timentibus eum … welches Ir. Frstl. Durchl. mit freuden angehert, auch mir darauf genedigst geantwortet, freilich, freilich …« – ein Wunder, doch sagt der Herzog nur »freilich, freilich«, so sind sie nun einmal, die hohen Herrschaften.

Am bekanntesten aus dem jesuitischen Umfeld ist Jakob Balde. Als der »Weltberühmte Teutsche Horatius« wird der 1604 im elsässischen Ensisheim geborene Balde von seinen Kollegen Andreas Gryphius und Sigmund von Birken verehrt. Herder hat ihn 1795 nachgedichtet, um Balde »aus seinem lateinischen Grabe« zu befreien und als »Dichter Deutschlands für alle Zeiten« bekannt und zugänglich zu machen, u. a. auch für Goethe. Ihm voraus gingen Dichter wie Drexl und Aegidius Albertinus. Der bayerische Historiker Max Spindler würdigt ihre enorme Bedeutung für die Stadt: »Beide waren vom selben Geist durchweht wie das Barockschauspiel der Zeit, das aus alter bayerischer Tradition genährt hier in München im frühen siebzehnten Jahrhundert seine höchste Höhe erreichte und zu einer der bedeutendsten Manifestationen der Kulturkraft und künstlerischen Begabung des bayerischen Stammes wurde, das hier in München religiöser, volkstümlicher und, obwohl vom Hof gefördert, weniger höfisch war als in Wien …«

Ziel ist und bleibt: »Erziehung, Besserung, Leitung des Menschen im christlichen Sinn – das Theater, eine dramatisierte christliche Predigt.«

Diese Jesuitenbühne »mit ihren Massenszenen und Massenchören und unerhörten Bühneneffekten war mehr als eine Schulbühne, oft agierte ja die halbe Stadt mit und lieh dem Hof die Kostüme, war Hof- und Stadttheater mit heute kaum vorstellbaren Wirkungen. Wenn da im *Cenodoxus*, dem *Doktor von Paris*, einem der großen Werke von Bidermann, auf der zweigeteilten Bühne oben Gott der Herr, unter Posaunenklängen von den himmlischen Heerscharen umgeben, Gericht hielt über den verstorbenen großen und viel gefeierten, aber vom Teufel der Hoffart besessenen Gelehrten und dann unten der Tote sich plötzlich aufrichtete und sein Verzweiflungsschrei ›damnatus sum‹, ich bin verdammt, in die Menge hineingellte, so wurden durch diese mit Bühnenmitteln zu stärkster Wirkung gebrachte und die ganze Härte jener Zeit widerspiegelnde gnadenlose Verurteilung, die aber durch die große Kunst des Dichters als gerecht empfunden wurde, Erschütterungen erzielt, welche über den Augenblick hinausreichten und bei nicht wenig Zuschauern zu Entschlüssen fürs ganze Leben führten.«

In jesuitischer Tradition steht auch Pater Rupert Mayer, geboren 1876 in Stuttgart, 1912 nach München gekommen, im Ersten Weltkrieg ebenso hoch dekoriert wie schwer verwundet. Er bezeichnet seine Predigten im Sondergerichtsprozeß am 22./23. Juli 1937 im Münchner Justizpalast als »religiöse Notwehr«. Das Urteil gegen den Pater lautet zunächst auf sechs Monate Haft, die er allerdings noch nicht antreten muß. Am 5. Januar 1938 folgt eine erneute Verhaftung, 1939 das Konzentrationslager Sachsenhausen, im August 1940 die Internierung in Ettal. Das ist für einen wie Pater Mayer keine wirkliche Rettung: »Seitdem bin ich lebend ein Toter, ja dieser Tod ist für mich, der ich noch so voll Leben bin, schlimmer als der wirkliche Tod, auf den ich schon so oft gefaßt war.«

Nach Kriegsende kehrt der Unerschrockene nach München zurück und bemerkt: »Wenn es dem Herrgott gefällt, lebt ein einbeiniger Jesuit länger als ein gottloses tausendjähriges Reich.« Am 1. November 1945 erleidet er in der Kreuzkapelle von St. Michael während der Messe einen Gehirnschlag. Allerdings fällt er wegen seiner Prothese nicht um, was die Legende verstärkt: »Pater Mayer ist noch nie umgefallen, nicht einmal im Tode.« Sein Grab erhält er in der Unterkirche des Bürgersaals.

Gustav Regler hat Ende der dreißiger Jahre eine Novelle mit dem Titel *Der Tod in der Michaelskirche* im Exil in Holland veröffentlicht, die als »die beste antifaschistische Novelle« mit dem Heinrich-Mann-Preis ausgezeichnet worden ist. In seiner Autobiographie faßt er deren Entstehungsgeschichte und Inhalt zusammen:

»Eine erregende Nachricht war aus Deutschland gekommen. Kardinal Faulhaber, der residierende Kardinal von München und Bayern, hatte in Abendpredigten vor einer besorgten, weil täglich wachsenden Gemeinde das billige Heidentum der neuen Regierung angeprangert. Die Würde des Mannes hatte mir eine seltsame Hoffnung gegeben. So war Leo I. Attila gegenübergetreten. Auch Canossa war so bedingt gewesen. Mir schien oft, daß die Kirche von Rom sich überlebt habe, aber zumindest wußten dort einige noch, wie man in Größe stirbt. Ich hatte in meiner Novelle einen kommunistischen Gefangenen der Nazis in dieselbe Kirche flüchten lassen, in der Faulhaber sprach; er war tödlich getroffen worden von seinen Verfolgern, und so starb er denn im Schutz des Gotteshauses in einem Beichtstuhl, hörte die Stimme draußen, verglich, hielt sein eigenes Gericht, setzte dem alten Glauben seinen neuen entgegen, war unbarmherzig gegen beide, objektiv, gerecht, wie man es nur in der letzten Stunde sein kann, und verendete wie ein edles Tier, während der Kirchenfürst mit einem Gebet seine Predigt schloß und der Gesang der gläubigen Menge wie ein Meer der Hoffnung durch den hohen Raum brandete.«

Ehe es durch die Straßen und Gassen der Altstadt geht, werden die Künstler des 18. und 19. Jahrhunderts, für die München eine Bedeutung hatte, im folgenden Abschnitt kurz vorgestellt.

Nur zwei Nächte blieb Goethe auf seiner Italienischen Reise in dem Gasthof, in dem auch Mozart abgestiegen war, im *Schwarzen Adler* in der Kaufingerstraße 23 (7. 9. 1786), den Westenrieder zu den vornehmsten Weingasthäusern seiner Zeit zählt. Sehr angetan ist Goethe nicht von München, nicht einmal vom Antiquarium: »Im Antiquario, oder Antiken Cabinet, hab ich recht gesehen, daß meine Augen auf diese Gegenstände nicht geübt sind, und ich wollte auch nicht verweilen und Zeit verderben. Vieles will mir gar nicht ein.« Immerhin stieg er noch »auf den Turm von dem sich die Fräulein herabstürzte ...« (Tagebuch 6. September 1786), gemeint ist Fanny von Ickstatts Sprung vom Frauenturm am 14. Januar 1785. Daß das arme Fräulein Goethes *Werther* gelesen hatte, ist nicht außergewöhnlich, aber ob sie deshalb gleich dessen unglückseligem Ende folgen mußte, ist eine nicht zu beantwortende Frage.

Wer nicht von Italien nach München will, der muß eben

von München nach Italien streben. Goethe tut es, ohne sich lange aufzuhalten, Heine folgt ihm, nicht anders Adrian Leverkühn in Thomas Manns *Doktor Faustus*: »Es war Italien, für das er sich entschloß ...«

Im Radspielerhaus in der Hackenstraße 7 wohnte Heinrich Heine. Eine Gedenktafel erinnert daran – ein Brunnen im Finanzgarten hinter dem Prinz Carl Palais an der Galeriestraße versteckt eher das Andenken an ihn, der sich als 30jähriger von November 1827 bis Juli 1828 in München aufhält.

Heine wäre gerne in München Professor für deutsche Literatur an der Universität geworden, doch ist er für die maßgebenden Leute von der Krone bis zum Altar zu radikal, vor allem zu antiklerikal, auch wenn er seine ersten Eindrücke von der Stadt erst einmal für sich behalten hat: »Wir sind ernst, aber nicht unmutig bei dem Anblick des barbarischen Domes, der sich noch immer in stiefelknechtlicher Gestalt über die ganze Stadt erhebt und die Schatten und Gespenster des Mittelalters in seinem Schoße verbirgt.« Die Einwohner stellen sich ihm als »ein Meer von kleinen Seelen« dar und so weiter und so fort.

Der Job, den ihm sein Verleger Johann Friedrich Cotta als Redakteur und Mitherausgeber für die *Neuen Allgemeinen Politischen Annalen* angeboten hatte, reicht ihm nicht aus, auch hat er keine Lust »Literatenhäuptling in Bayern« zu werden. Selbst das Wetter paßt ihm nicht: »Das Klima hier tötet mich«, nur das Bier schmeckt ihm, unter anderem im Montgelasgarten in Bogenhausen. »Fast deutsch« hätte er darüber werden können: »Ich glaube, das tut das Bier« – aber eben nur »fast«. Seine Sehnsucht gilt Italien, im Winter 1828 hat er eine große Vision von diesem Land:

»Ich saß dort oft vorigen Winter und betrachtete die schneebedeckten Berge, die, glänzend in der Sonnenbeleuchtung, aus eitel Silber gegossen zu sein schienen. Es war damals auch Winter in meiner Seele, Gedanken und Gefühle waren wie eingeschneit. . . . Endlich kam der Tag, wo alles ganz anders wurde. . . . Ich weiß nicht, aber ich glaube, auf der Terrasse zu Bogenhausen, im Angesicht der Tiroler Alpen, geschah meinem Herzen solch neue Verzauberung. Wenn ich dort in Gedanken saß, war mirs oft, als sähe ich ein wunderschönes Jünglingsantlitz über jene Berge hervorlauschen, und ich wünschte mir Flügel, um hinzueilen nach seinem Residenzland Italien.«

Einen »Frühlingsgott« erblickt er, »auf der Spitze einer Alpe« und »mit lachendem Auge und blühendem Munde« ruft dieser Heine zu: »Ich liebe dich, komm zu mir nach Italien!«

Sechs Jahre später kommt ein anderer großer Romantiker nach München: Clemens Brentano. Am 25. Juli 1833 schreibt er aus Regensburg an Görres in München, daß er auf ein paar Wochen nach München kommen möchte. Aus den paar Wochen werden acht Jahre – zum höchsten Leidwesen der Familie des Joseph Schlotthauer, seines Zeichens Professor an der Kunstakademie. »Zu einer Wohnung« schreibt der Brentano-Biograph Werner Hoffmann, »kommt er durch einen Akt der Besitzergreifung, der für die immer ausgeprägteren Sonderlingsgewohnheiten des Alternden kennzeichnend ist: Eines Abends schellt ein Mann in langem grauem Rock, den breitkrempigen Filzhut tief in die Stirn gedrückt, an dem Hause Glockenstraße 11, in dem der Akademieprofessor Schlotthauer wohnt.« Der Frau des Hauses eröffnet er: »Ich bin Clemens Brentano und möchte bei Ihnen wohnen. Wollen Sie mich aufneh-

Im Hofgarten

men?« Die Frau lehnt ab, ihr Mann lehnt ab, er kennt Brentano so gut wie nicht, am anderen Tag steht Brentano mit seinem Gepäck vor der Türe. Für »ein paar Wochen« will man ihm schließlich »die gute Stube« einräumen, die Brentano nach und nach ausräumt und mit seinen eigenen Brettern, Böcken und Gestellen ausstaffiert, zuletzt reißt er sich auch noch die anschließende Kammer unter den Nagel und verwandelt sie in sein Schlafzimmer.

Die Wohnung befindet sich in der damaligen Glockengasse 11, nahe beim Sendlinger Tor (die Glockengasse, in der Zeit zwischen 1818 und 1873, ein Gäßchen zwischen der Sendlinger Straße und dem Oberanger, ist dann in der neu angelegten Blumenstraße aufgegangen). Ina Seidel schreibt in ihrer Brentano-Biographie:

»München ist die letzte Station im Leben des Dichters und Pilgers Clemens Brentano geworden ... Es war das München Ludwigs I., das Brentano aufnahm, die Stadt, in der unter einem kunstbegeisterten König, der bei aller menschlichen Bedingtheit doch einer der letzten wahren Könige und ein Vater seines Volkes gewesen ist, die Züge abzuheben begannen, unter denen wir sie heute noch kennen und lieben. Noch heute ist München eine Stadt, in die die Landschaft hereinatmet und die vom Herzschlag echten Volkstums bewegt ist. In den dreißiger Jahren des vorigen Jahrhunderts, als die Bauten der Ludwigstraße, der Hofgarten mit seinen Arkaden und der Englische Garten noch die großen Neuerungen waren, trug die Münchner Innenstadt eine besonders farbige Prägung durch das Miteinanderleben und -wirken aller Stände, aufgelockert durch den vom König begünstigten, bei den Bürgern nicht immer gern gesehenen Zuzug fremder Künstler und Gelehrter.«

Der Kreis von Künstlern und Gelehrten um Joseph Görres ist es, der Brentano anzieht. Mit ihm, Schelling, Baader und Ringseis wird München so zu einem Zentrum der katholischen Spätromantik. Das Haus von Görres in der Schönfeldstraße gegenüber dem Kriegsministerium ist ein offenes Haus, an jedem Sonntagabend ist jeder Besucher herzlich willkommen beim Verfasser der »Mystik«, und oft bildet Brentano den Mittelpunkt einer solchen Gesellschaft. Seine letzte Adresse in München ist die Frühlingsstraße, heute Von-der-Tann-Straße, ehe ihn sein Bruder Christian nach Aschaffenburg holt, wo er am 28. Juli 1842 stirbt.

Friedrich Hebbel, geboren 1813 als Maurersohn im dithmarschen Wesselburen, weiß München viel zu verdanken: »In München reifte denn auch der Dichter in mir ... meine besten Gedichte entstanden, und die Richtung aufs Dramatische kündigte sich an. Hier schrieb ich die *Judith* und nun endlich wurde mir die Gewalt meiner Phantasie, die bis dahin eher der Fluch meines Lebens gewesen war, wenigstens für Momente zum Segen.« Auch die Anregung zu seinem Trauerspiel *Maria Magdalena* (1844) geht auf eine Geschichte im Hause seiner Münchner Freundin Beppi Schwarz zurück. In den Jahren 1838/39 hat er in der Landwehrstraße 10 gewohnt.

Von den bayerischen Männern kann Hebbel nicht viel halten, das Bier ruiniere sie: »Der Bierkrug aber ist der Feind des Genies; er rundet die Bäuche, treibt die Gesichter bis zum Zerspringen aus einander, und röthet die Nase; dagegen erstickt er den Geist und löscht sogar das Auge aus.« Er begreift nicht, wie die Münchnerin einen solchen Mann heiraten kann, denn auf die Münchner Frauen singt Hebbel ein hohes Lob: »Sie wurzelt in dem süßen Mysterium der Liebe, sie weiß, daß sie da sein darf, und wagt, da zu sein; dazu kommt der dunkle, mit Sternen geschmückte Hintergrund des Katholizismus, es ist reizend an einem Mädchen, wenn sie katholisch ist und dennoch der Gottesverlorene Ketzer von ihren Lippen speis't.« Wie sehr das Katholische sich mit dem Sinnlichen vereint, beobachtet Hebbel in der Frauenkirche an dem Münchner Mädchen, »wenn es vor irgendeinem aus seiner Nische marmorkalt und marmorstumm herabschauenden Heiligen niederkniet und ihm unter brünstigen Gebeten ein Geheimniß anvertraut, das ihr die Wangen glühen macht . . .«

Mit fein gesetzten Worten nimmt Hebbel am 10. März 1839 seinen Abschied aus München – und zwar im Englischen Garten: »Dann stieg ich den Monopteros hinan und übersah noch einmal den großen Garten und die Stadt. Ich habe dort gebetet um Segen für München, das mich in seinem Schoß so freundlich aufnahm, und um Segen für mich selbst. ›Mach' etwas aus meinem Leben – rief ich aus – es sei, was es sei!‹« In einem Schreiben an König Maximilian II. bedankt er sich 1863 für den Maximiliansorden für Kunst und Wissenschaft in der Weise, daß er Bayern als seine geistige Heimat und München als seine zweite Geburtsstadt betrachtet.

Genauso wie Hebbel kommt Gottfried Keller zu Fuß nach München. Von 1840 bis 1842 wohnt er in der Schützenstraße 3, eine Zeit, die sich in seinem Roman *Der grüne Heinrich* niederschlägt, dessen Hauptfigur gleich seinem Autor mit hochfliegenden Plänen als Maler nach München kommt. Sein Ankommen aus der Schweiz schildert er in dem 1855 geschriebenen Roman so: »Mit dem Sonnenuntergange des zweiten Tages erreichte ich das Ziel meiner Reise, die große Hauptstadt, welche mit ihren Steinmassen und großen Baumgruppen auf einer weiten Ebene sich dehnte.« Auf der Suche nach dem ihm genannten Wirtshaus durchwandert er die Stadt:

»Da glühten im letzten Abendscheine griechische Giebelfelder und gotische Türme; Säulenreihen tauchten ihre geschmückten Häupter noch in den Rosenglanz, helle gegossene Erzbilder, funkelneu, schimmerten aus dem Helldunkel der Dämmerung, wie wenn sie noch das warme Tageslicht von sich gäben, indessen bemalte offene Hallen schon durch Laternenlicht erleuchtet waren und von geputzten Leuten gegangen wurden. Steinbilder ragten in langen Reihen von hohen Zinnen in die dunkelblaue Luft, Paläste, Theater, Kirchen bildeten große Gesamtbilder in allen möglichen Bauarten, neu und glänzend, und wechselten mit dunklen Massen geschwärzter Kuppeln und Dächern der Rats- und Bürgerhäuser. Aus Kirchen und mächtigen Schankhäusern erscholl Musik, Geläute, Orgel und Harfenspiel; aus mystisch-verzierten Kapellentüren drangen Weihrauchwolken auf die Gasse; schöne und fratzenhafte Künstlergestalten gingen scharenweise vorüber, Studenten in verschnürten Röcken und silbergestickten Mützen kamen daher, gepanzerte Reiter mit glänzenden Stahlhelmen ritten gemächlich und stolz auf ihre Nachtwache, während Kurtisanen mit blanken Schultern nach erhellten Tanzsälen zogen, von denen Pauken und Trompeten herabtönten. Alte dicke Weiber verbeugten sich vor dünnen schwarzen Priestern, die zahlreich umhergingen; in offenen Hausfluren dagegen saßen wohlgenährte Bürger hinter gebratenen Gänsen und mächtigen Krügen; Wagen mit Mohren und Jägern fuhren vorbei.«

Das ist das München in der Mitte des 19. Jahrhunderts. Der grüne Heinrich hatte genug zu sehen und wurde dar-

Rathaus mit Glockenspiel

über so müde, daß er froh war, endlich in dem ihm ange-
wiesenen Zimmer des Gasthofes angelangt zu sein.

Auch ein anderer bildender Künstler, sozusagen der Erfinder des comic strip, nämlich Wilhelm Busch, besuchte bis 1865 nicht nur alljährlich München, sondern lebte
auch hier, in der Dachauer Straße 3 und in der Schwanthalerstraße 28; sein Atelier befand sich in der Karlstraße.

Wilhelm Busch

Als 22jähriger ist Busch 1854 zum
ersten Mal in München. Der Direktor der Kunstakademie ist Wilhelm von Kaulbach, am selben Tag
tritt Busch in die Vereinigung »Jung-
München« ein, weil ihm die Histo-
rienmalerei des von Kaulbach nicht
gefallen hat. Dafür gefällt ihm das
»Bezirksbierdöseln« um so besser:
Busch gilt als großer Trinker im
Kreis ebenfalls veritabler Saufgenos-
sen. Seit 1858 arbeitet er für Caspar Braun, Verleger der
Satire-Wochenschrift *Fliegende Blätter* und des *Münchner
Bilderbogens*; Braun erwirbt auch die Rechte von *Max
und Moritz* – für den Pappenstiel von 1000 Gulden. Der
Abgang von Wilhelm Busch aus München 1881 ist etwas
merkwürdig. Erst zieht er im Künstlerhaus Lenbachs Schwe-
ster den Stuhl unter dem Hintern weg, dann wirft er Teller
an die Wand und verschwindet für immer.

Ein Altstadtspaziergang sollte zentral am Marienplatz
beginnen. Die Mariensäule steht als Symbol für die Mutter
Gottes, die zugleich die Patrona Bavariae ist. Sie wurde
1638 von Kurfürst Maximilian I. errichtet zur Erinnerung
an die Schlacht am Weißen Berg bei Prag, bei der er mit
Tilly und der katholischen Liga die protestantische Union

34

besiegt hatte, und aus Dank, daß die Schweden die Stadt verschont hatten.

Der Marienplatz gehört zu den frequentiertesten Plätzen Münchens, vor allem um elf Uhr morgens, zur Zeit des Glockenspiels. Der Kolumnist Sigi Sommer hat dieses Ritual in einer seiner zur Legende gewordenen Glossen mit dem Titel *Blasius, der Spaziergänger* beschrieben. Eine babylonische Völkerschaft macht er aus unter den 30 000 Zuschauern, die sich in den Reisemonaten täglich zu diesem Schauspiel versammeln: »Inderinnen sind dabei mit dem schwarzen Konfettimal auf den schönen Stirnen. Kleine Kinder aus Schottland, die zögernd ihre verirrten Finger aus dem Schnupper-Näschen nehmen, lächelnde Japaner, Iren mit roten Haaren, saftlockige Griechen und ältere Amerikanerinnen mit starren Rubinstein-Gesichtern … Einige, die nur in sanfter Halsweh-Stellung Anteil nehmen, zeigen auch grimmig ihre Zähne.« Dann beginnen die Figuren sich zu drehen: »Friedlich und altdeutsch tröpfelt das Ännchen von Tharau vom schwarzgelben Campanile. Ein langer Brite, dessen sparsame Beine in den riesigen Bermuda-Shorts ausschauen wie zwei Wiener Würstchen, die sich in der Haut einer Blasenwurst verlaufen haben, zieht auf alle Fälle den Hut, indes die Schäffler, Bannerträger und Fanfarenbläser das Ballett vom ehrsamen Handwerk zum besten geben. Im Hintergrund des Panoramas blicken aus dem Dämmerdunkel zwei hölzerne Hoheiten dem kommenden Turnier gefaßt entgegen. Beim dritten Durchgang fällt dann todsicher auch der silberne Ritter. Es ist jeden Tag der gleiche.«

In der von der Maximilianstraße abzweigenden Wurzerstraße war im Haus mit der Nummer 17 die letzte Wohnung von Sigi Sommer. Von Max Wagner in Bronze gegossen, ist der Spaziergänger noch immer in München präsent, in der Rosenstraße steht sein Denkmal.

Aus der Rosenstraße kommend, findet man über den Rindermarkt durch das Rosental zum Viktualienmarkt. Am Rindermarkt kommt 1861 Josef Ruederer zur Welt. Sein Freund Max Halbe berichtet, Ruederer habe sich einerseits in einer fortwährenden Opposition gegen jeden und jedes befunden, nicht zuletzt auch gegen sich selbst, andererseits jedoch den literarischen Erfolg und die damit verbundene gesellschaftliche Anerkennung gesucht. Er setzt sich zur Wehr gegen »die Vorstellung vom kernigen Altbayern, der jodelnd durch die Welt zieht, mit Nagelschuhen auf den Boden tritt und jeden Sonntag drei Preußen auf dem Kraut verzehrt«. Auf der anderen Seite habe eine solche Einschätzung auch ihren Vorzug: »Dafür braucht man noch weniger Hirnschmalz.« Ruederer werden wir noch öfter auf den Wegen durch diese Stadt begegnen.

Auf dem Viktualienmarkt erinnern verschiedene Brunnen an die »Volkssänger« Karl Valentin, Liesl Karlstadt, Weiß Ferdl und Ida Schumacher. Sie begründen die große Tradition des »Brettls«, also der späteren sogenannten Kleinkunstbühne, und somit des Kabaretts in München. An seinem östlichen Ausgang mündet der Markt in die Westenriederstraße, in der das Geburtshaus des ersten bayerischen Historiographen Lorenz Westenrieder steht. Eine Gedenktafel an der Nummer 16 weist darauf hin. Westenrieder war als Jesuit Theologe, Priester, Lehrer und Schriftsteller u. a. Verfasser der *Beschreibung der Haupt- und Residenzstadt München* (1782) mit sehr originellen Beschreibungen urmünchner Charakterzüge.

Über den Jakobsplatz mit dem neuen jüdischen Kultur- und Gemeindezentrum »Jüdisches Zentrum Jakobsplatz«

Die Asamkirche

und dem Münchner Stadtmuseum führt der Weg in die Sendlinger Straße. Die Asamkirche ist eigentlich nicht nach ihren Bauherren, den Brüdern Asam, benannt, sondern nach St. Johann Nepomuk, doch sagt fast jeder in München »Asamkirche«.

Der Altarbauer und Stukkateur Egid Quirin Asam und der Freskenmaler Cosmas Damian Asam leisteten sich diese Kirche als Privatbau direkt neben ihrem Wohnhaus; von 1733 bis 1746 wurde sie errichtet. Was sich in der Asamkirche abspielt, ist vor allem eine Dreidimensionalität, die das Sein im Spiel überwindet und von daher jeden Besucher unversehens so froh stimmt. Hier leuchtet München wirklich, die Architektur selbst scheint aus Licht zu bestehen. Allenfalls von Engeln gehalten, schwebt Gottvater mit dem gekreuzigten Sohn über dem Altar, ehe sich der Raum zum eigentlichen Himmel weitet, aus scheinbar unbekannter Quelle von Licht gespeist.

Der spätere Regisseur und Stückeschreiber Rainer Werner Fassbinder reißt als Bub aus und wird von seiner Großmutter auf dem Altar der Asamkirche wiedergefunden; er weigert sich, diesen wieder zu verlassen.

Ein Abstecher vom Sendlinger-Tor-Platz in die Müllerstraße braucht nur im Geiste getätigt werden, denn das »Action Theater« in der Müllerstraße 12, in dem Fassbinder seine Theaterkarriere begann, wurde von der Stadt München geschlossen.

Im Herbst 1967 beginnt eine Gruppe von Schauspielern in einem ehemaligen Kinosaal als »Action Theater« mit dem Bruckner-Stück *Die Verbrecher*. Fassbinders erstes eigenes Stück *Katzelmacher* wird im April 1968 uraufgeführt. Mit Hanna Schygulla und Kurt Raab macht er in der Schwabinger Kneipe *Witwe Bolte* als »antiteater«

38

weiter. Allein bis Ende 1970 entstehen zehn Filme, zwei Hörspiele, vier Theaterinszenierungen und ein Fernsehspiel. War für Klaus Mann der Vater ein »Zauberer«, so Fassbinder für seine Mitarbeiter ein »Hexer«. Hanna Schygulla fragt sich: »Ist er so jung gestorben, weil er sich so beeilt hat, oder hat er sich so beeilt, weil er so jung sterben sollte?« Sie weist auf Fassbinders letztes Interview hin, in dem er wenige Stunden vor seinem Tod sagt: »Vielleicht muß man durch die Hölle durch, um in einer besseren Welt anzukommen.«

München war für Fassbinder weder die Hölle noch die bessere Welt, München war für ihn die Werkstatt, in der er in rasender Geschwindigkeit ein Lebenswerk schuf, für das mehrere sogenannte normale Leben auf einmal nicht ausreichen. Einer seiner Hauptaufenthaltsorte, die Gastwirtschaft *Deutsche Eiche* in der Reichenbachstraße 12, ist bis zur Unkenntlichkeit renoviert; sein Grab hat er auf dem Alten Friedhof Bogenhausen.

Zu der wundersamen Kirche der Brüder Asam paßt ein Autor wie Michael Ende, dem die Welt ebenfalls zur Bühne einer phantastischen Sehnsucht wurde – mit phantastischen Geschichten wie *Jim Knopf und Lukas der Lokomotivführer* und Erzählungen wie *Momo* und *Die unendliche Geschichte*. In der Sendlinger Straße 30 hatte Michael Ende seine letzte Wohnung in München. Kindern die Angst vor der Welt der Erwachsenen zu nehmen war sein Ziel. Versagen die Erwachsenen, müssen die Kinder einspringen, um zu retten, was noch zu retten ist. Michael Endes *Momo* führt das exemplarisch vor: »Zeit ist Leben. Und das Leben wohnt im Herzen. Und je mehr die Menschen daran sparten, desto weniger hatten sie es.« Gott sei Dank entschließt sich Meister Hora, der »Verwalter der Zeit«, zum

Eingreifen, und zwar mit Hilfe von Momo, um die »grauen Herren«, welche die Zeit stehlen, zu besiegen und damit der Menschheit die geraubte Zeit zurückzugeben. In der Geschichte *Der Spiegel vom Spiegel* heißt es: »Ich habe eine Menge Namen, antwortet der Pagat, aber am Anfang heiße ich Ende.« Ein Museum, das Michael Endes Namen führt, befindet sich im Schloß Blutenburg, sein Grab, das mit den phantastischen Motiven seiner Erzählungen als aufgeschlagenes Buch ausgestattet ist, auf dem Waldfriedhof.

Vom Sendlinger-Tor-Platz führt die Sonnenstraße nach Norden auf den Stachus, der einmal der verkehrsreichste Platz Europas war. Geht man von hier auf dem Weg zum Hauptbahnhof durch die Bayerstraße, kommt man an einem Kinopalast vorbei. Dort war einst der legendäre »Mathäser«, größter Bierausschank der Welt sowie zentraler Ort der Revolution von 1918/19.

Ludwig Thoma. Zeichnung von Olaf Gulbransson

Am Hauptbahnhof ist der berühmteste Münchner im Himmel, der von Ludwig Thoma geschaffene »Engel Aloisius«, vormals Alois Hingerl, als Dienstmann beheimatet – zumindest im literarischen Sinne. »Des werd schee fad«, muß er schon bald feststellen im Paradies, also daß ihm langweilig ist. Aus den angeordneten Hallelujah- und Hosianna-Gesängen wird bei ihm bald ein bisher im Himmel unerhörtes Fluchen »Luja sog i, ze fix luja!« Der nahtlose Wechsel vom Schnupftabak (»an Schmaizla habts ned, ha?!«) zum himmlischen Manna

Wittelsbacherbrunnen am Lenbachplatz

schüttet ihm endgültig das Kraut aus. Ein Engel muß sich merkwürdigerweise sagen lassen, daß er ein »beiniger« ist (»Engl, boaniger!«), worauf man ein Einsehen hat im Himmel und den Aloisius für Botengänge einsetzen will und zwar insbesondere, um der bayerischen Staatsregierung göttliche Ratschläge zu übermitteln. Mit diesem Auftrag kehrt Aloisius auf die Erde zurück, bleibt allerdings im Hofbräuhaus hängen, um sich eine Maß zu genehmigen, und noch eine, und noch eine, und noch eine – worüber naturgemäß die bayerische Staatsregierung bis zum heutigen Tag auf göttliche Ratschläge wartet.

Vom Hauptbahnhof aus könnte man den Spaziergang südwestlich zur Theresienwiese anschließen oder weiter im Uhrzeigersinn durch die Altstadt flanieren. Nördlich des Stachus gelangt man auf den Lenbachplatz, an dem das Künstlerhaus steht – und die Hauptsynagoge stand, erbaut vom selben Baumeister, dem Architekten des Heimatstils Gabriel von Seidl. Die Hauptsynagoge wurde wie alle anderen jüdischen Gotteshäuser in der Reichspogromnacht vom 9. auf den 10. November 1938 zerstört. Man hätte sie auch wieder aufbauen können, doch wurde in einem komplizierten Grundstückstausch der Jakobsplatz als Ort für das neue Jüdische Kultur- und Gemeindezentrum ausgewählt.

Die Verlängerung des Lenbachplatzes bildet der Maximiliansplatz. Am Maximiliansplatz 5 wohnte Franz Graf von Pocci – wenn er sich nicht auf seinem Schloß in Ammerland am Starnberger See aufhielt – und starb dort am 7. Mai 1876. Graf Pocci, auch bekannt als der »Kasperl-Graf«, weil Erfinder des »Kasperl Larifari«, hat den schönen Begriff vom »Staatshämorrhoidarius« in die Geschichte des immerwährenden Beamtenwesens eingeführt – dieser Typus ist und bleibt ewig. Pocci muß es wissen. Sein Vater brachte es bis zum Generalleutnant unter dem Befehl von Kronprinz Ludwig, dem späteren Ludwig I., er selbst war schließlich Hofzeremonienmeister von König Ludwig I. und hat gewußt, was für ein Kasperlspiel die wirkliche Welt ist. Kasperl zu sein ist die letzte Rettung für einen Beamten, der im Beamtentum nicht mehr seine Bestimmung erblicken will. Über den Hämorrhoidarius, der sich mit seinem eigenen Hintern im Hintern des Staates jene Krankheit ersitzt, der er seinen Namen zu verdanken hat, erhebt sich der Triumph des Kasperl, Apotheose des wahren Beamten, des Beamten, der sich frei macht, vom Staat und von sich selbst. Als Kasperl besiegt der Beamte den Beamten in sich, überwindet den nichtsnutzigen Nihilismus und vollendet und veredelt den Anarchismus des Beamten in Reinkultur.

Pocci kannte alle und jeden, der in der Münchner Szene seinerzeit das Sagen hatte, vom romantischen Philosophen und Querdenker Franz Xaver von Baader über den Historiker Westenrieder und den Erzgießer Schwanthaler bis hin zu Franz Kobell gingen seine Bekanntschaften. In der »Artus-Runde« des legendären Herzog Max in Bayern, dem »Zither-Maxe«, Vater der späteren Kaiserin »Sisi«, welche allwöchentlich im Palais des Herzogs in der Ludwigstraße zu tafeln pflegte, war er der Kanzler, sein Name: »Popo von Ammerland«.

Über den Odeonsplatz geht es durch den Hofgarten, in dem Ludwig III., der letzte König der Bayern, wie an jedem Tag so auch am 7. November 1918 seinen gewohnten Spaziergang unternimmt. Gleichzeitig versammeln sich geschätzt 50 000 Menschen auf der Theresienwiese zu einer Kundgebung der SPD und der USPD. Ausgerechnet ein Arbeiter, so will es die Legende, rennt dem König hinterher und warnt ihn: »Majestät, gengan 'S hoam, Revolution is!« Etwa 2000 Kundgebungsteilnehmer ziehen unter Anführung der von der SPD abgespaltenen USPD zu den Kasernen, Soldaten schließen sich an – das ist auch für den zunächst noch zögernden Kurt Eisner der Zeitpunkt, die Revolution einzuläuten. Im Mathäserbräu wird der Arbeiter- und Soldatenrat gegründet. Abends um halb acht Uhr erhält Ludwig III. von seiner Regierung die Mitteilung, daß sie die Sicherheit seines Lebens nicht mehr garantieren könne. Sie bittet den König deshalb, München zu verlassen. Dem König verschlägt es die Sprache, damit hat er nicht gerechnet. Niemand hat ihn informiert, wie ernst die Lage ist – und das schon seit langem.

Gegen elf Uhr abends tritt der soeben gegründete Revolutionäre Arbeiter- und Soldatenrat im Landtagsgebäude zusammen: Kurt Eisner ruft den »Freien Volksstaat Bayern« aus und wird provisorischer Ministerpräsident. Die Residenz ist seither keine Residenz mehr. Ihr Baubeginn war 1252, Herzog Ludwig II., der Strenge, fing damit an, zahllose Fortsetzungen folgten. Herzog Albrecht V. engagiert 1556 den besten Musiker der Zeit, Orlando di Lasso. Dieser wirkt, was anderen großen Musikern in München versagt blieb, als Hofkapellmeister, heiratet Regina Wäkkinger und bleibt für immer in München. Mehr als sechzig Musiker stellt ihm »Albrecht der Großmütige« zur Verfügung. Herzog Albrecht läßt es auch sonst – trotz eines vollkommen maroden Staatshaushalts – krachen: Das zwischen 1569 und 1571 erbaute, fast 70 Meter lange Antiquarium ist nicht nur das erste Museum, sondern auch einer der größten Renaissanceräume nördlich der Alpen. Antike Porträtplastiken aus Rom werden en masse ange-

Eingang zu den Höfen der Residenz

liefert, teils auch gefälscht oder, falls ramponiert, auch fröhlich ergänzt; Orlando di Lasso führt seine Musik an diesem Ort auf.

Die Höfe der Residenz in verschiedenen Variationen durchquerend, kommt man in der Maximilianstraße heraus. Mit der Maximilianstraße setzt sich König Maximilian II. Joseph ein architektonisches Monument, das zu den klassizistischen Visionen seines Vaters ein großbürgerliches Pendant bilden soll: einen Boulevard in der seinerzeit geschätzten, aus England übernommenen Mode der Tudorgotik, unter der Federführung des Architekten Bürklein.

In der Maximilianstraße 32 erinnert eine Gedenktafel an Henrik Ibsen. Er schreibt hier *Die Frau vom Meer* und *Hedda Gabler*. Ein wenig zwanghaft begibt er sich zum Spaziergang in der Weise auf die Straße, daß man die Uhr danach stellen kann: Punkt 14 Uhr 15 sieht man ihn die Maximilianstraße hinunterschreiten, ins Caféhaus, »immer in schwarzer Kleidung, den Zylinder auf dem starken, grauweißen Haar, eine Hand auf dem Rücken, die andere auf dem Schirm gestützt«. Für Ibsen gibt es nur zwei Städte, in denen man leben kann: München und Rom. Von 1885 bis 1891 lebt er in München. Am 3. Januar 1880 wird *Nora* im Residenztheater dem deutschen Publikum vorgestellt, am 31. Januar 1891 im Hoftheater *Hedda Gabler*.

Da gibt es Begegnungen der dritten Art, etwa zwischen Ibsen und Ludwig Ganghofer. Ganghofer stapft mit einem Gamsbock im Rucksack und mit nackten Knien, wie er selbst in seiner Autobiographie *Lebenslauf eines Optimisten* schreibt, vom Bahnhof in München durch die Kaufinger Straße und über den Residenzplatz zur Schönfeldstraße. Auf diesem Weg begegnet er einem Herrn mit weißem

Seemannsbart um den wuchtigen Stahlkopf herum und einer funkelnden Brille. Der Herr trägt einen straff sitzenden Winterrock und einen taubengrauen Zylinder mit schwarzem Band auf dem weißen Bärenkopf. Erst bei einem Empfang im Salon der Frau Rüthling wird Ganghofer bewußt, daß es sich bei dem Herrn um keinen anderen als um Henrik Ibsen gehandelt hat. Ibsen aber zeigt sich höchst einsilbig, kommt das Gespräch auf sein Stück *Nora*, spricht Ibsen vom Wetter.

Dennoch ist die kleine Episode literaturgeschichtlich höchst interessant, denn abgesehen davon, daß man sich diese beiden Autoren kaum auf einer einzigen Momentaufnahme zusammen vorstellen kann, denkt man sich auch nicht die Stücke der beiden, nämlich *Der Herrgottschnitzer von Ammergau* einerseits und *Nora* andererseits im selben Jahr 1880 auf den Münchner Bühnen. Die Maximilianstraße ist die Straße der großen Theater: Oper, Residenztheater und Kammerspiele sind die drei großen Bühnen in München.

Maximilianstraße und Hofgarten werden in zwei Romanen von Herbert Rosendorfer in Science-fiction-Manier zum Schauplatz: *Großes Solo für Anton* und *Briefe in die chinesische Vergangenheit*. Ähnlich wie in Carl Amerys *Der Untergang der Stadt Passau*, der in Bayern »nach dem großen Schlag« spielt, ist menschliche Existenz nur in dem, was von der Zivilisation übriggeblieben ist, möglich. Anton L. lebt auf diese Weise immerhin noch eine Zeitlang von Pralinen und Sekt aus Feinkostgeschäften an der Maximilianstraße, allerdings als vollkommener Einsiedler. Er ist der einzige Mensch, der von der rätselhaften großen »Entmaterialisierung«, die »in der Nacht vom 25. auf den 26. Juni stattgefunden hatte«, ausgenommen ist. Fortan betrachtet er den rasanten Verfall Münchens: »Im Hofgarten stand das Gras kniehoch. An vielen Stellen wucherte üppiges Unkraut. Der Fluß war einmal für ein paar Tage über die Ufer getreten und hatte sogar die Anakreonstraße knöchelhoch überschwemmt.« Anton L. quartiert sich in einem edlen Hotel ein, das unschwer als das *Vier Jahreszeiten* in der Maximilianstraße zu identifizieren ist, und verheizt nach und nach das gesamte Parkett und Mobiliar.

Wenn auch in satirischer Form, so spiegelt sich in Rosendorfers Roman doch eben genau jene Lust an der Selbstbezichtigung, welche Rosendorfer sehr treffend als eine »spezifisch bayerische und vor allem münchnerische Seelen- und Gemütslage« bezeichnet. Diesen »Grant« kann man mit »schlechte Laune« nur unzureichend übersetzen: »Der Grant ist ein ständiges Karate gegen die eigene Seele, die sich vor diesem selbstzerstörerischen Bombardement endlich in einen unangreifbaren Felsen von Innenbrutalität zurückzieht und dann als Verkörperung des bayerischen Wesens dasteht: die schlackenlos durchglühte kgl. bayerische Ruhe.«

Apokalyptisch wird gegen Ende des Romans *Großes Solo für Anton* auch der Himmel über München beschrieben: »Die Wolkendecke im Westen war aufgerissen. Die Bäume in den Anlagen am Fluß standen in flammenden herbstlichen Farben. Ein hoher Baum direkt an der Brücke war blutrot. Wie eine Fortsetzung der Farbe dieses majestätischen Baumes färbten sich jetzt die Wolken im Westen der Stadt goldgelb, orange und dann auch blutrot. Ein tiefgoldener Sonnenstrahl schoß wie ein Bündel Speere aus der aufgerissenen Wolkendecke schräg auf die Türme der Stadt und ließ die Dächer aufblitzen wie in einer fernen Ahnung an Canalettos Welt.«

48

Isartor

Ähnlich endzeitlich erlebt die Stadt der Chinese Kao-tai in Rosendorfers *Briefe in die chinesische Vergangenheit*, der durch ein Zeitexperiment mit einem »Zeit-Reise-Kompaß« nicht in seiner Kaiserstadt K'ai-feng, sondern in ein aus seiner Sicht tausend Jahre späteres München gerät, »Min-chen« im Lande »Ba Yan«. Aus der poetischen Perspektive des Präfekten der kaiserlichen Dichtergilde macht er seine für ihn so befremdlichen Erfahrungen. Gleich zu Beginn beißt ein »A-tao« seinetwegen in einen Baum, mit anderen Worten: ein Auto knallt, um ihn, den Unbedarften, nicht zu überfahren, an einen Baum. Von der Polizeiwache befreit ihn ein Herr Shi-shmi, der ihn bei sich unterbringt, verköstigt und in die fremde Welt einführt. Bald riskiert er seine ersten Spaziergänge, zum Beispiel am »Kanal der blauen Glocken« entlang, »zum Palast des erhabenen, wenngleich verewigten Wand von Min-chen«. Ohne daß es ausgesprochen ist, handelt es sich dabei um die Auffahrtsallee, die zum Schloß Nymphenburg führt. Auch gefällt ihm die Stadt nicht: »Es geht kein Glanz von dieser Stadt aus.« Der Grund ist einfach: »Ich habe den Eindruck, daß die Leute hier ganz einfach den Überblick über ihre Städte-Stadt verloren haben, daß sie ihnen buchstäblich über den Kopf gewachsen ist.« Der »Stadt-Mandarin sitzt wahrscheinlich nur in seinem Harem oder züchtet Hunde«. Wie Anton L. logiert auch Kao-tai schließlich im »Hong-tel Von den vier Jahreszeiten«, das für ihn auch ein »Palast« des Kanzlers sein könnte. Von dort aus unternimmt er weitere Exkursionen in die Stadt, so auf die Wiesn, wo ihm weder die Musik »Wan-tswa-xu-fa« – er meint damit »Oans zwoa gsuffa« – gefällt, noch die Unmengen von »Ma-'ßa«, welche die »besoffenen Großnasen« in sich hineingießen. »Viele steigen dann in ihre A-tao Wägen und fahren gegen Bäume, was die anderen besonders komisch finden.« Nach einem halben Jahr sieht Kao-tai seine Mission für beendet an und verabschiedet sich aus Min-chen.

Ehe man den Rundgang durch die Altstadt langsam ausklingen läßt, sei noch ein Blick in die Neuturmstraße empfohlen. In der Münchner *Bonbonniere*, Neuturmstraße 5, befand sich das Kabarett *Die Pfeffermühle*, das Erika Mann noch am 1. Januar 1933 gegründet hat, ehe sie damit ins Exil gehen mußte. Bekanntestes Mitglied des Ensembles ist Therese Giehse, Klaus Mann gehört zu den Autoren. »Grosse Stimmung, grosses Publikum ... Ganz gross geklappt«, schreibt er in sein Tagebuch. Mit Hitlers Antrittsrede im nahe gelegenen Hofbräuhaus fällt das zweite Programm der Pfeffermühle zusammen, noch am 21. Februar wird im Haus der Familie Mann in der Poschinger Straße ein »Pfeffermühlen-Ball« gefeiert, doch notiert Klaus Mann im *Wendepunkt*, daß dieses Fest von einer »verzweifelten Lustigkeit« gewesen sei. Am selben Tag verläßt als erster aus der Familie Heinrich Mann Deutschland: »Lieber gleichgeschaltet als ausgeschaltet, damit kann ein Bankier zur Not noch durchkommen, ein Schriftsteller nicht.«

In Zürich wird *Die Pfeffermühle* am 30. September 1933 weitergeführt, fast drei Jahre lang gelingt es dem Kabarett, quer durch Europa zu touren. Brecht nennt die Giehse »die größte Schauspielerin in Europa«. Sie ist Kopf und Körper der *Pfeffermühle*, Erika Mann das Hirn und die Frau Direktor. Von Thomas Mann stammte der Einfall für den Namen des Kabaretts.

Am Ende der »Tal« genannten Straße, kurz vor dem Isartor-Platz findet sich das »Valentin-Musäum« im Isartor.

Der zweite Turm des Tors ist seit 2001 der Schauspielerin Liesl Karlstadt gewidmet, die zu Unrecht immer nur als Schatten des genialen Karl Valentin gesehen wird. Mehr von Valentin erfahren wir auf dem elften Spaziergang in die Au nach Giesing.

Auf dem Weg vom Isartor zum Marienplatz durch das Tal liegt das *Weiße Bräuhaus*. Hier sitzen tatsächlich noch echte Münchner und auch so manch berühmter Gast. Ernst Jünger, Dichter und Käferforscher, hätte man freilich nicht darunter vermutet. Aber auf dem Rückweg aus Venedig macht er einmal dort Station und kommt bei der Gelegenheit über die Usancen der bayerischen Sprache ins Räsonieren. Er merkt ihr den Klang eines Froschkonzertes ab, während es in Venedig die Grillen sind, die das Konzert geben: »Die Stimmen sind dunkler als in Venedig, sie verflechten sich, heben und senken sich ... Wie in den Feldern und Teichen scheint ihr An- und Abschwellen keinen besonderen Anlaß zu haben; es erinnert mich an Stunden, die ich am Strand verträumte; hin und wieder unterbricht eine stärkere Welle die Monotonie.« In den 50 Jahren seit dieser trefflichen Beobachtung hat sich im *Weißen Bräuhaus* nicht viel geändert.

Valentin-Karlstadt-Musäum

Zum Abschluß des Rundganges sollte nicht versäumt werden, sich auf einem der Kirchtürme einen Überblick über das Gesehene zu verschaffen, am besten von der Frauenkirche aus. Ihre Grundsteinlegung fand am 9. Februar 1468 statt, es ist der letzte große gotische Dom in Europa, der errichtet wird. Im Jahr 1524 ist er fertiggestellt. Michael Georg Conrad entwickelt eine besondere Version, weshalb die Türme der Frauenkirche so aussehen, wie sie aussehen:

»Damit in früheren Zeiten der weniger biergelehrte Fremdling wußte, wessen er sich von der Eigentümlichkeit der guten Stadt München zu versehen habe, erbauten die Ureinwohner die bis in die Wolken ragenden Doppeltürme der Frauenkirche in zwei kolossalen Maßkrügen, so da weithin über die bayerische Hochebene sichtbar das fromme Wahrzeichen von München geblieben sind bis auf den heutigen Tag.«

Mit Blick vom Turm der Frauenkirche herab entwirft Josef Ruederer in seinem 1907 erschienenen Buch über den »Niedergang Münchens als Kunststadt« mit dem Titel *Bierheim und Isar-Athen* ein apokalyptisch letztes Bild der Stadt:

»Jetzt ist die Sonne hinter Sendling hinabgegangen. Doch von der Stelle, wo sie verschwand, lodert die Glut empor. Die volle Glut eines leuchtenden Abends. Weit über die Dächer ragt sie hinauf in das dunkelnde Firmament. Nun brennt alles in der Runde, daß man Sturm läuten möchte auf der einsamen Warte. Dampfwolken steigen vor dem Feuer aus Kaminen und rauchenden Lokomotiven. Daraus wachsen die Türme des Westens wie Giganten.«

Das waren aber seinerzeit noch nicht die Türme an der Donnersbergerbrücke, um deren sich drehenden Mercedesstern es so unnachahmliche, für München so typische Schlachten zwischen dem Oberbürgermeister und einer der führenden Firmen gab – bis sich der Stern dann eben doch drehte.

»Und von ihnen«, so fährt Ruederer fort, »strahlt es hinaus bis zum Dachauer Schloßberg über das herbstliche

Moor; ein Weltenbrand wie von tausend Händen entzündet. Da wird's lebendig auf der oberbayerischen Ebene, so weit das Auge noch reichen kann. Der Sommer hat sie gelb gebrannt, aber jetzt schillert sie mit dem Himmel um die Wette mit ewig wechselnden Lichtern. Und von ihr zieht es über die ganze Stadt. Über die Straßen, wo's wimmelt von heimkehrenden Menschen, über die Dächer, deren Kupfer wie fließendes Metall glänzt, und über die Bogenlampen, die hell in dem sengenden Feuermeer glitzern, über all das hinauf zu den Frauentürmen, zu den beiden roten Ziegelsäulen, die wie Dolomitenfelsen erstehen. Zum offenen Fenster aber strömt es herein mit erlöschenden Feuergluten. Mit einem Hauch, gesättigt von Heide, von Bergen, von Wäldern. So köstlich, so frisch, daß man hineinbeißen könnte ins Ungewisse, daß man fressen möchte, bis man nimmer genug hat. Mag die bayrische Regierung noch so fromm werden, mag der Landtag den letzten Groschen nur noch für Heugabeln verwenden oder für Rosenkränze, mögen die Künstler selber die größten Dummheiten begehen – diese Luft können alle zusammen nicht umbringen. Und der Polyp im Norden mit den großen Fangarmen kann sie nicht nachmachen.«

Durch die Brienner Straße

[Zweiter Spaziergang]

Vom Odeonsplatz aus bieten sich verschiedene Spaziergänge an, etwa durch die Ludwigstraße nach Norden und durch die Brienner Straße nach Westen als die zwei königlichen Hauptachsen der Stadt.

In einem relativ kleinen Terrain zwischen der Innenstadt, dem Königsplatz und dem Universitätsgelände überlagern sich drei Epochen wie die Schichten eines Steinbruchs: der Klassizismus von Ludwig I., die Zeit der Räterepublik und die des Nationalsozialismus, die nichts miteinander zu tun zu haben scheinen und doch so eng miteinander verknüpft sind in den Steinen dieser Stadt. Die entsprechenden Wege dazu können in kurzer Zeit ergangen werden.

Wer in der Zeit des Nationalsozialismus an der Feldherrnhalle vorüberging, mußte die Hand zum »deutschen Gruß« heben, wer das nicht wollte, benutzte die dahinter liegende »Drückebergergasse«, wie die Viscardigasse damals genannt wurde. Die Gedenktafel für den Putsch von 1923 ist durch die Erinnerung an die dabei getöteten Polizisten ersetzt. Der »Platz der Opfer des Nationalsozialismus« heißt seit dem 9. September 1946 so, weil die Gestapo das nahe Wittelsbacher Palais Ecke Türkenstraße/ Brienner Straße in ihr Hauptquartier verwandelt hatte. Es handelt sich um die Brienner Straße 20 (damals 50). In den Kellern folterte die Gestapo. Auf dem Gelände des Gebäudes steht jetzt die Bayerische Landesbank. Vielfach wird der Platz als unwürdig kritisiert, vor allem auch wegen des Denkmals in Form eines Gitterkäfigs, in dem spärlich eine

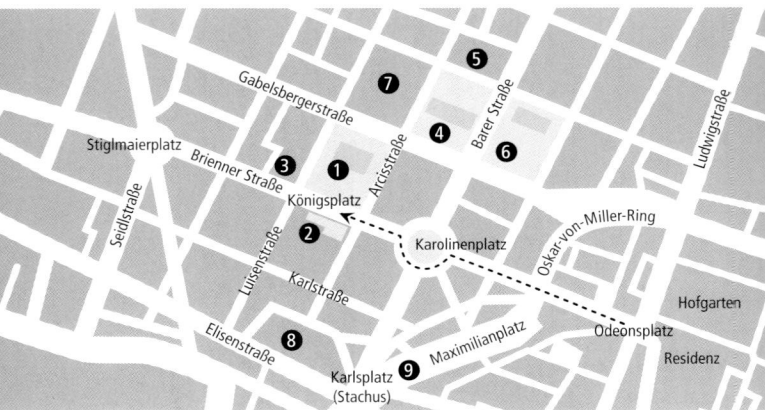

[1] **Glyptothek** [2] **Staatliche Antikensammlung** [3] **Lenbachhaus** [4] **Alte Pinakothek** [5] **Neue Pinakothek** [6] **Pinakothek der Moderne** [7] **Technische Universität** [8] **Alter Botanischer Garten** [9] **Lenbachplatz**

Art von Fackel brennt. Die offizielle Version lautet: In einem symbolischen Kerker brennt eine Flamme als Zeichen der Freiheit.

Ebendieses Wittelsbacher Palais hatte sich aber auch der Revolutionäre Zentralrat als symbolisch wirksame Stätte ausgesucht. Welche dramatischen Situationen sich dort abspielen, beschreibt dessen Vorsitzender, der Schriftsteller Ernst Toller, in seinem Buch *Jugend in Deutschland*: »Hier sitzt der deutsche Revolutionär, gutmütig und ahnungslos, addiert Zahlen und kontrolliert Vorräte, damit alles seine Ordnung habe, wenn er erschossen wird.« Toller zieht von München aus gen Dachau, um gegen die Konterrevolutionäre zu kämpfen. In einem Wirtshaus in Karlsfeld ruft einer: »Der Toller soll die Führung übernehmen!« Der Toller meint erst, daß er die Führung eines Geschützes übernehmen

Ernst Toller

soll, aber die Arbeiter meinen die Führung des gesamten Heeres und halten auch eine überzeugende Argumentation bereit: »Oana muaß sein Kohlrabi herhalten, sonst gibts an Saustall, und wennst nix vastehst, wirst es lerna, die Hauptsach is, dich kennen wir.«

»So wurde ich Heerführer«, resümiert Toller etwas resigniert in seinem Buch. Die Kommunisten setzen Toller ab, und er kann von Glück reden, daß sie ihn nicht einsperren. Einsperren tun ihn dann die »Weißen« nach der Niederschlagung der Räterepublik, und diesmal muß Toller von Glück reden, daß sie ihn nicht totschlagen. Das liegt daran, daß sein Nachfolger Leviné zwar weiß, wie man eine Revolution macht, aber nicht, was man mit einem Toller macht. Rosa Meyer-Leviné, Frau des Revolutionärs und Autorin des Buches *Leviné, Leben und Tod eines Revolutionärs* gibt die Situation wieder:

›»Und was macht Toller?‹ fragte ich ihn. ›Er hat sich uns zur Verfügung gestellt. Er will mit seinem Blute seine ‚Liebe zum Proletariat bekunden‘. Er hat sich zu den Truppen begeben und trägt bereits Uniform … Ich fürchte, er wird uns noch viel zu schaffen machen, aber er hat Instinkt. Er hat in diesem Augenblick tatsächlich das Richtige getroffen. Man kann doch nicht einen Mann abschütteln, der ‚für das Proletariat‘ sterben will.‹«

Oskar Maria Graf

Das Durcheinander der verschiedenen revolutionären Richtungen beschreibt Oskar Maria Graf in *Wir sind Gefangene*: »›Generalstreik!‹ schrien die Syndikalisten. ›Bewaffnung und Revolution im Innern!‹ forderten die Unabhängigen und Spartakisten. ›Vernichtung aller Maschinen! Streik! Einfach gar nichts mehr machen!‹ brüllte ich. ›Anarchist!‹ warf man mir entgegen. Ich hörte nicht darauf.«

So wie die Ludwigstraße in Richtung Norden zum einstigen Dorf Schwabing als klassizistischer Salon im Freien konzipiert ist, so sollte die Brienner Straße den königlichen Vorstellungen einer Wiederbelebung griechischer Antike als Ost-West-Achse dienen. Ziel war der Sommerwohnsitz der bayerischen Kurfürsten und Könige, das Nymphenburger Schloß, ihr Ausgangspunkt die Residenz in der Stadtmitte. Im Gebäudeblock des jetzigen *Café Luitpold* (Brienner Straße 8) befand sich die *Buchhandlung Goltz*, in der Franz Kafka am 10. November 1915 seine einzige Lesung außerhalb von Prag gehalten hat. Auch seine Verlobte Felice war gekommen, er trägt die Erzählung *In der Strafkolonie* zum Teil kichernd vor, drei Zuhörerinnen fallen in Ohnmacht.

Über das *Café Luitpold* gerät Hans Carossa in *Das Jahr der schönen Täuschungen* ins Schwärmen: »Bald umfing mich der Kaffeepalast mit seinen Prachträumen, darin sich die Schritte von selber verlangsamten. Alles war hier danach angetan, dem Neuling vorzuspiegeln, er habe ein Heiligtum betreten. In gläsernen Lilien glühten Fäden elektrischen Lichts; das leuchtete weiter in schwarzen Marmorsäulen.« Auch die Bildwelt an den Decken und Wänden betrachtet er eingehend: »Da stand in goldumrahmtem Schneefeld splitternackt ein geflügeltes Kind, von Raben umkrächzt, das Gesichtchen zum Weinen verzogen; anderswo ruhten zwei Liebende auf Wolken; eine Hand hob sie über den grünen Kranz des Ruhmes, als hätte sie durch ihr Glück den größten Sieg errungen.« Voller Ehrfurcht und Bewunderung atmet Carossa den »Geist vornehmer Gastlichkeit« ein, die »glanzvolle Stätte« trägt seiner Ansicht nach zu Recht »den Namen des Regenten«.

Der Spaziergang durch die Brienner Straße führt weiter über den Karolinenplatz, auf dem 1833 von Leo von Klenze der 29 Meter hohe Obelisk für die 1812 auf dem Rußlandfeldzug Gefallenen der bayerischen Armee errichtet wurde: als Schlußbild in der Perspektive des Königsplatzes. »Am Fuß der Alpen, wo sich die Hopfenranke über die Hochebene windet, liegt Germaniens Athen«, so empfindet es Hans Christian Andersen.

Natürlich fehlt es nicht an literarischer Schmähung des

gesamten klassizistischen, die Akropolis in Athen imitierenden Ensembles. Michael Georg Conrad ergeht sich in seinem großen München-Roman auf das genüßlichste darüber:

»Ja, man nennt euch ›Isar-Athen‹! Das ist aber das Resultat einer Geistesverwirrung. Immer hat es nämlich unter euch einzelne geisteskranke Fürsten gegeben, die, wie das so geht, wenn der Geist wandert, sich über den durchschnittlichen Metzger-Horizont ihrer Umgebung erhoben, und weil ihr von einer Salzstößlerei herstammt, meinten: sie seien in Attika oder in Arkadien geboren. Sie ließen nun Marmorbrüche eröffnen und bauten statt Schlachthäuser ›Ruhmeshallen‹ – denkt euch! – statt Metzger-Gesellen-Häuser ›Feldherrnhallen‹ – fallt um! – Glyptotheken und Pinakotheken, und stellten dahinein – euch zum Vorbild – die Marmorgeschöpfe eines entschwundenen hochgeistigen Geschlechts – welcher Wahnsinn! – und über eure Stadt erhob sich in zwanzigfacher Lebensgröße das hochgemute Bronzebild einer vornehmen Frau mit griechischem Kopfbau – euch Breitschädlern und Stirngedrückten gegenüber! – und euer König hoffte, eure Weiber würden sich an diesem Standbild versehen und Kinder mit noblen Schädel-Indices gebären! – das euch! – Merkt ihr nun, wo's dem Mann fehlte?! – Daher stammt euer Ruf von ›Isar-Athen‹.«

Nicht anders hat sich Heinrich Heine darüber geäußert: Daß man die Stadt »ein neues Athen nennt, ist unter uns gesagt, etwas ridikül«, und es kostet »viele Mühe, wenn ich sie in solcher Qualität vertreten soll«. Carossa hingegen ist begeistert: »So wurde mir, als Meister Klenzes Hallenbau meinen Weg überragte, ein Schauder voraus zuteil, den ich eigentlich erst in Pästum oder in Segesta hätte er-

Königsplatz: Glyptothek

leben dürfen.« Ludwig I. erlebte die Fertigstellung seines Königsplatzes nicht mehr als König. 1848 mußte er abdanken, wegen Lola Montez.

Jenseits der Propyläen des Königsplatzes steht eine Art toskanische Villa, das Lenbachhaus – in München ist das weder ein topographisches noch ein stilistisches Problem. Lenbach hat sie sich in den Jahren 1887 bis 1891 von Gabriel von Seidl errichten lassen, heute eine städtische Sammlung, in der u. a. Gemälde des *Blauen Reiter* zu sehen sind.

Genutzt werden sollte der Königsplatz für Denkmalspräsentationen zu Ehren bayerischer Monarchen, deren Standbilder von der Erzgießerei – in der heutigen Erzgießereistraße – in das Zentrum der Stadt in direkter Verbindung den Königsplatz passierten und dort sozusagen offiziell begrüßt wurden. Nach dem Ersten Weltkrieg aber wurde er zum Versammlungsplatz für politische Parteien, vornehmlich der Rechten und insbesondere wiederum der NSDAP resp. ihrer Vorgängerparteien. 1930 wurde die Parteizentrale im heute auch als Gebäude nicht mehr existierenden »Braunen Haus«, dem ehemaligen Palais Barlow an der Brienner Straße, untergebracht.

Besonders übel mitgespielt wurde der Arcisstraße 12. Das 1890 fertiggestellte Palais Pringsheim wird 1933 abgebrochen, an seiner Stelle wird der Führerbau errichtet. Vom Balkon dieses Hauses wird das Münchner Abkommen verkündet, nach dem Krieg wird daraus das erste Amerikahaus, schließlich 1957 die Musikhochschule. In einem Schreiben an ihren Präsidenten kann es Golo Mann kaum glauben, »daß ich noch einmal an die Adresse Arcisstraße 12 einen Brief richten würde. Es war an die fünfzig Jahre lang die Adresse meiner Großeltern.« Auch Katia Pringsheim ist in diesem Haus aufgewachsen, von hier aus beschrieb ihr Ehegemahl Thomas Mann den königlichen Blick auf den Königsplatz.

Ab 1933 wird dem Königsplatz systematisch eine parteigerechte Kulisse verpaßt. Aus dem Königsplatz wird ein Platz der Nationalsozialisten, Schauplatz ihrer martialischen Rituale: von der Einsamkeit des selbsternannten »Führers« über die durch unterirdische Gänge erreichbaren Ehrentempel, aus denen Fackelträger wie aus dem Nichts hervortreten, bis zur an christliche Rituale angelehnten »Auferstehung«, wenn die Namen der Gefallenen ausgerufen werden und die Masse »Hier!« brüllt.

Eine »Feier der nationalen Revolution« im Lichthof der Universität leitet die Nacht der Bücherverbrennung ein – Stücke von Hugo Wolf und Carl Löwe werden vorgetragen, das Deutschlandlied und das Horst-Wessel-Lied werden gesungen. Von der Universität aus geht es zum Königsplatz. Dort werden »Der Gott, der Eisen wachsen ließ« gesungen und natürlich wieder das Deutschlandlied und »Die Fahne hoch, die Reihen dicht geschlossen«. Gert Heidenreich bringt in seinem Essay *Der Geruch der Asche*, welcher Wolfram Kastners Dokumentationsband *Wie Gras über die Geschichte wächst* einleitet, die Geschichte auf den Punkt: »Vor den Augen der filmischen Wochenschau-Welt zerstört am 10. Mai 1933 eine deutsche Kinnriemen-Jugend das Fundament, auf dem sie steht, ohne zu begreifen, daß sie hier anfängt zu stürzen.«

Wolfram Kastner machte es sich zur Aufgabe, Sehstörungen zu beheben – ein weites Feld für die Kunst. Eine Texttafel, aufgestellt am 9. November 1995, demontiert am 28. Februar 1996, erläutert die Bewandtnis des Flecks. Er erinnert an die Bücherverbrennung der Nationalsozialisten an ebendieser Stelle und soll stets wiederhergestellt

Königsplatz: Propyläen

werden, damit kein Gras über die Geschichte wächst. So einfach kann man Störungen eines Sehvermögens aufheben, das vor lauter Königsplatz mit seinen griechischen Tempeln, die keine sind, aber ein Isar-Athen darstellen sollen, die Nazis vergessen läßt, die gerade diese Gegend schon sehr früh zu ihrer ganz besonderen gemacht hatten. Man benötigt nur einen Bunsenbrenner und ein gutes Gedächtnis.

Auf literarischer Ebene entwirft Wolfgang Koeppen in seinem Roman *Tauben im Gras* (1951) ein dicht gedrängtes Bild der Nachkriegszeit, er fokussiert die Geschehnisse in einem einzigen Tag des Jahres 1949:

»Sie waren wieder zu Hause, reihten sich ein, rieben sich aneinander, übervorteilten einander, handelten, schufen, bauten, gründeten, zeugten, saßen in der alten Kneipe, atmeten

Wolfgang Koeppen

den vertrauten Brodem, beobachteten das Revier, den Paarungsplatz, den Nachwuchs der Asphaltgassen, Gelächter und Zank und das Radio der Nachbarn, sie starben im Städtischen Krankenhaus, wurden vom Bestattungsamt hinausgefahren, lagen auf dem Friedhof an der Ost-Süd-Kreuzung, von Straßenbahnen umbimmelt, benzindunstumschwelt, glücklich in der Heimat.«

Aber sie sind eben nicht glücklich in dieser Heimat, sie sind materiell arm, aber fast schlimmer noch, in ihrem Lebensentwurf betrogen, also verbittert und ohne rechte Perspektive. Im Prinzip scheint sich nichts verändert zu haben. Allenfalls Nischen finden sich in der Besatzungszeit, zum Beispiel im Amerikahaus, das sich ausgerechnet im vormaligen »Führerbau« des nationalsozialistischen Gebäudetrakts um den Königsplatz herum befindet. Besonders der Lesesaal der Amerikanischen Bibliothek »übte eine ungeheure Anziehungskraft auf Obdachlose, Wärmeschinder, Sonderlinge und Naturmenschen aus. Die Naturmenschen kamen barfuß, in handgewebtes Leinen gehüllt, mit langem Haupthaar und wildem Bart. Sie verlangten Werke über Hexen und böse Blicke, Kochbücher für Rohkostspeisen, Broschüren über das Leben nach dem Tode und über die Übungen indischer Fakire, oder sie vertieften sich in die letzten Veröffentlichungen der Astrophysik.« Neben den Büchern, nach denen gesucht werden kann, hat die Einrichtung einen weiteren unschlagbaren Vorzug: »Die Amerikanische Bibliothek war eine herrliche Einrichtung. Ihre Benutzung war vollkommen kostenlos.«

Koeppen freilich läßt die Bibliothekarin sagen, sie erwarte immer, daß »sich einer bei mir die Füße wäscht; aber sie waschen sich nie«. Auch Edwin kommt die »Treppen des Amerikahauses« herunter, »die breiten Marmorstufen des Führerbaus«. Er verläßt das Isar-Athen des Königsplatzes und geht in Richtung der finsteren Gassen um den Bahnhof, »die Anlagen um den Justizpalast, die Gassen der Altstadt, das Revier von Oscar Wildes goldenen Nattern«. Diese sind in der Zwischenzeit eher im Glockenbachviertel hinter dem Gärtnerplatztheater zu finden, doch hat auch Modezar Moshammer den Mann, der ihn Stunden später ermorden wird, mit seinem Rolls-Royce am Bahnhof aufgegabelt. In Koeppens Roman treibt es also auch Edwin in die Altstadt. »Er wäre gern Sokrates in Alkibiades' Leib gewesen, aber er war Alkibiades in Sokrates' Körper, wenn auch aufrecht und wohlgekleidet.« Die Strichjungen erblicken in ihm weder das eine noch das andere, sondern »einen alten Freier, einen alten Deppen, eine wohlhabende Tante«.

Irgendwie fühlen sich alle fehl am Platze, ob Schriftsteller, Lehrer oder Schauspieler. Die Verhaltensweisen, die zu Faschismus und Krieg geführt haben, feiern üble Urständ in der Restauration der fünfziger Jahre – Koeppen hätte seine Schauplätze nicht besser wählen können als zwischen Königsplatz und Hauptbahnhof.

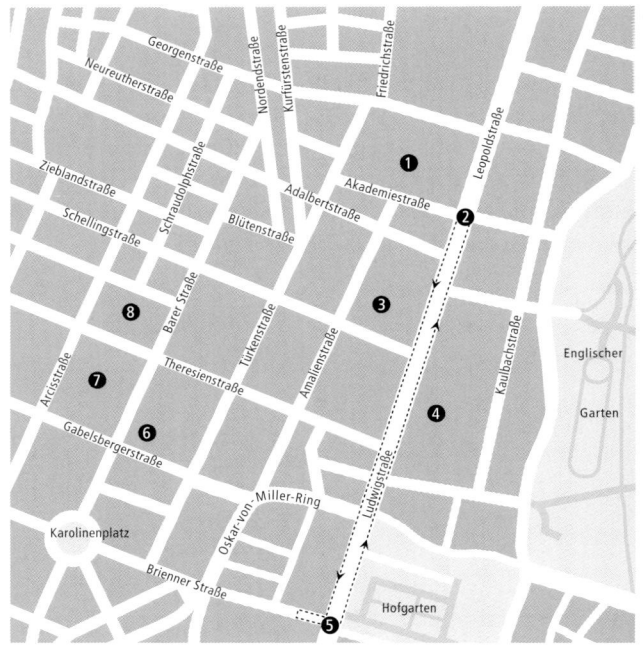

[1] **Akademie der Bildenden Künste** [2] **Siegestor** [3] **Ludwig-Maximilians-Universität** [4] **Bayerische Staatsbibliothek** [5] **Odeonsplatz** [6] **Pinakothek der Moderne** [7] **Alte Pinakothek** [8] **Neue Pinakothek**

Durch die Ludwigstraße

[Dritter Spaziergang]

Ähnlich wie die Brienner Straße ist auch die Ludwigstraße von so vielen Geschichten aufgeladen, daß sie als eigener Spaziergang sinnvoll ist. Die Innenstadt mit ihrer jesuitisch geprägten Vergangenheit wird in der Ludwigstraße als Vereinigung von wissenschaftlichem und spirituellem Geist fortgesetzt.

Ludwig I. ließ die nach ihm benannte Straße als einen in die Wiese gebauten Salon konzipieren, denn links und rechts von der Straße mit ihren Palais fingen Wiesen und Weiden an – ein reichlich kühnes Unterfangen! Und das alles im klassizistischen Stil als Verbindung zu dem damals vor der Stadt gelegenen Dorf Schwabing. Unter der Ägide der Baumeister Klenze und später Gärtner entstand in etwa 20 Jahren diese vielleicht schönste Straße Münchens. Den »Generallinienplan« für die »Gegend vor dem ehemaligen Schwabinger Thore«, dem sogenannten »Schönfeld«, entwirft Ludwig selbst noch als Kronprinz im Jahr 1810.

Der dänische Märchenpoet Hans Christian Andersen weilt mehrfach in München, 1834, 1840 und 1852. In seinem Band *Eines Dichters Basar* schwärmt Andersen geradezu von dieser Stadt: »München hatte ich seit 1840 nicht besucht, und damals stand es wie ein Rosenstock, aus dem alljährlich neue Zweige hervorsprießen, aber jeder Zweig ist eine Straße, jedes Blatt ein Palais, eine Kirche oder ein Monument, jetzt war der Rosenstock zu einem riesigen Strauch geworden, voll entfaltet, eine Blüte ist die Basilika, eine andere die Bavaria . . .«

Freilich verschweigt Andersen nicht die Widersprüchlichkeit, welche das Wesen dieser Stadt ausmacht, im Gegenteil, sie gehört aus seiner Sicht gerade zu ihren besonderen Qualitäten: »Alles scheint mir hier ein Widerspruch, Katholizismus und Protestantismus, griechische Kunst und bayerisches Bier. Einheit habe ich hier nicht gefunden, und jede schöne Einzelheit scheint mir aus ihrer eigentlichen Heimat abberufen und um das alte München aufgestellt zu sein.« Auf dem Postgebäude erblickt er pompejanische Figuren, den Palast des Herzogs von Toscana in Florenz, den Stephansdom aus Wien – all

H. C. Andersen

das steht auch in München. In der Ludwigstraße erscheint ihm diese architektonische Eigenart besonders ausgeprägt: »Ihre im Stil einander widersprechenden Gebäude verschmelzen zu einer Einheit wie bunte Blumen in einem schönen Kranz. Die im gotischen Stil erbaute Universität, die italienischen Paläste, sogar der Garten nebenan mit seinen farbigen Bogengängen, alles bietet hier ein abgerundetes Ganzes dar.«

Der 1933 in Marienbad von Nationalsozialisten ermordete sozialdemokratische Schriftsteller Theodor Lessing schildert in seinen Lebenserinnerungen *Einmal und nie wieder* (1935) die Ludwigstraße als das »bukolische München«:

»In der Morgenfrüh trieb der bukolische Hirt seine Herde über die Ludwigstraße und ihre Glocken läuteten das Lobe der Isarauen hinein in die Schlafsäle des bischöflichen Konviktes, die Hörsäle der Universität und die Audienzsäle der Residenz. Zwischen den Pflasterquadraten vor der Feldherrnhalle wucherten Kuhblumen und unter den Arkaden des Hofgartens, welche Ludwig Rottmann mit Fresken bemalt und Majestät höchstselbst bedichtet hatten, tranken Hofdamen und Bürgerfräulein den köstlichen Kaffee Zambonis.«

Mit Ludwig Rottmann ist der Maler Carl Rottmann gemeint, und »Zamboni« ist *Tambosi*, das Café am Odeonsplatz, seit 1774, zwischenzeitlich auch als *Annast* geführt, in dem der Salzburger Gastronom Gustl Annast Karl Valentins und Liesl Karlstadts legendär chaotische »Orchesterprobe« uraufführen ließ.

Auf besondere Weise nutzt der auflagenstärkste deutsche Autor aller Zeiten, nämlich Ludwig Ganghofer, die Staatsbibliothek:

»In einer sommerlichen Vollmondnacht, als ich mit meinem Kameraden von Schwabing durch die Ludwigstraße heimkehrte, gerieten wir in eine Debatte über die Architektur der Staatsbibliothek. Dieses Gebäude, das nach den vier Statuen der hellenischen Weisen vor seinem Portal als ›Palast der vier Heiligen drei Könige‹ bezeichnet wurde, hat eine aus großen Quadern gebaute Fassade. Zwischen den Quadern des Sockels und der Mauerkanten befinden sich tiefe Fugen. Beim Anblick dieser im Mondlicht schwarz erscheinenden Leiterzeichnung kam ich auf den prachtvollen Gedanken, daß man an der Ecke der Fassade bis zum Dach hinaufklettern könnte, wenn man diese Quaderfugen als Griffe für die Hände und als Sprossen für die Füße benützt und dabei über die Kante des Gebäudes hinaufreitet.«

Wer vor diesem Gebäude steht und an diese Geschichte denkt, dem wird von dem Wahnsinn der Idee unverzüglich

Café Tambosi: Innenraum

schwindlig. Doch Ganghofers Kamerad ist begeistert, und sofort gehen sie eine Wette ein, »wer höher hinaufkäme«. Ganghofer schafft es bis an die Kante des Daches, doch als sein Kamerad »zehn oder zwölf Meter weit droben war, klang es auf dem Trottoir der Ludwigstraße: trabbi, trabbi, trabbi«. Ganghofer konnte zwar weiß Gott nicht die vollkommen irreführende Assoziation unserer Tage erahnen, doch hat er auch schon für Zeitgenossen mit seinen Klangmalereien oft ein außerordentlich unglückliches Händchen gehabt. Jedenfalls kommen zwei Polizisten gelaufen. »Was is denn? Was gschieht denn da?« wollen sie wissen. Ganghofer reagiert geistesgegenwärtig und flüstert: »Um Gottes willen! Nur keinen Laut! Das ist ein Mondsüchtiger. Der ist wie ein Eichkatzl an der Wand hinaufgestiegen, ist droben auf dem Dach spazierengegangen ... ich hab alles ganz genau gesehen ... und jetzt will er wieder herunter.« Die beiden Polizisten sind sich nicht einig: der eine glaubt ihm, der andere ist mißtrauisch. Ganghofer gibt sich als Mediziner aus, der genau weiß, daß man sich dem Mondsüchtigen gegenüber ganz still zu verhalten habe, sonst falle er herunter und wäre mausetot. »Wenn sie damit einverstanden sind«, sagt Ganghofer zu den Polizisten, »werde ich auf die Mauer hinaufsteigen. Dann werde ich, wenn der Mondsüchtige herunterkommt, gleich seinen Puls fühlen, werde ihn aufwecken und so mit ihm sprechen, wie man als Arzt mit einem Mondsüchtigen reden muß.« Der mißtrauische von

Carl Rottmann

den beiden Polizisten hat ein anderes Bild von Nachtwandlern, nämlich daß diese »allweil im Hemmad san«, während es sich bei diesem um einen handle, der ganz und gar angezogen sei. »Nicht immer!« bescheidet »mit wissenschaftlichem Ernst« Ganghofer die beiden, besteigt mit Hilfe des »Gläubigen« die Mauer, woselbst er seinen Kameraden in Empfang nimmt, um sogleich mit ihm »in den Grasgarten der Bibliothek« hinunterzuspringen, nicht ohne der staatlichen Exekutive ein »Adieu, meine Herren!« zu hinterlassen. Der Mißtrauische räsoniert übel gelaunt: »Gelt, i hab mer aber glei so ebbes denkt!«, während die beiden Burschen schon auf dem Weg in die Kaulbachstraße sind, die damals noch Gartenstraße hieß.

Am 14. Juli 1911 wird die Malerin und Schriftstellerin Emmy Hennings (1885-1948), nachmals mit dem Dadaisten Hugo Ball verehelicht, in der Ludwigskirche getauft. Ebenso amüsiert wie irritiert vertraut Erich Mühsam seinem Tagebuch, was er von diesem Gebaren seiner Geliebten hält: »Es ist allerliebst zu sehen, wie sich bei ihr der Entschluß, katholisch zu werden, so durchaus deutlich aus Neugier, Sentimentalität und Geilheit zusammensetzt.« Der Mann spricht aus Erfahrung, konnte er doch erst am 21. Juli die liebesbegierige Emmy nicht davon abhalten, sich bei ihm mit Gonorrhöe zu infizieren – sosehr er sich auch sträubt. Resigniert bemerkt er: »Nun werde ich sie wohl angesteckt haben, und Kätchens Tripper wird die Runde durch München machen.«

Zentraler Inkubationsort ist das nahe gelegene *Café Stephanie* in der Theresienstraße, in dem sich schon am Tag nach Emmys Taufe Ersatz ankündigt: Eine Dame namens »Puma« telefoniert ins Café, wünscht abgeholt zu werden, um sich auf Mühsams Diwan »auf das süßeste« mit ihm in

Liebe zu vereinigen; es handelt sich dabei um die Wachspuppenkünstlerin Lotte Pritzel, auch »Puppenpritzel« genannt. Seine Liebe und Bewunderung zu ihr ist grenzenlos, seine Notizen schließt er mit der Bemerkung: »Es ist nicht wahr, daß Bettina von Arnim die letzte bedeutende Frau war.« Diesen Gedanken hegt er just in jener Straße, die auch Bettinen in ihrer Münchner Zeit so geläufig war.

Den Abschluß der Ludwigstraße bildet als Pendant zur Feldherrnhalle am Anfang das nach dem Vorbild des Konstantinsbogens in Rom von 1843 bis 1852 errichtete Siegestor. Karl Valentin sagt vom Siegestor freilich, daß es nicht so oft gebraucht worden ist. Immerhin hat man von dort einen guten Blick auf die Ludwigstraße, so schön, daß Ludwig Thoma einmal von seinem Onkel an dieser Stelle eine Watschn bekommen hat, damit er »für alle Zeiten daran denkt, daß diese wunderbare Straße von König Ludwig dem Ersten erbaut worden ist«.

Für Oskar Panizza hatte ein Ausflug zum Siegestor, den er nur im Hemd absolvierte, die Einweisung in die Psychiatrie zur Folge. Dabei hatte er schon ein Jahr Einzelhaft für das *Liebeskonzil* bekommen. Da läßt er zum Beispiel einen »Fremden« über München und seine Nähe zum Marienkult sagen: »Diese Oberbayern, dieses herkulische Geschlecht, aus Nacken und Haar bestehend, und das Messer im Hosenschlitz, brauchten eine kindliche, weinerliche, weiblich-süße Religion, was Zartes in Blau – anders waren diese Ochsenfiesel gar nicht zu rühren – und, sehen Sie, das ist ihnen diese Maria – blauer Himmelsmantel, silberne Sternchen, eine Taille zum Abbrechen, süßes Köpfchen, kirschrote Lippen . . .«

Hermann Lenz schildert in dem Roman *Neue Zeit* (1975) eine Begegnung mit Hitler auf »Unterarmlänge« an diesem

Das Siegestor 1854

Ort, dem Siegestor. Hermann Lenz' Alter ego spaziert die Leopoldstraße hinunter, »während Pappeln sich im Licht des Juni regten, einem hellgelben, grünlichen Licht, das die Straße weitete und reinigte, nun, in der Frühe, da wenige Wägen fuhren und das Trottoir bis weit hinunter sich ausdehnte, dorthin, wo der Block des Siegestores schräg erhellt war. Saubere Luft an der Stirn haben, das war erfreulich. Beim Siegestor wollte er über die Straße, doch näherte sich ein Auto, ein schwarzer, offener Wagen, und er wartete. So langsam fuhr das Auto. Und nun sah er den neben dem Fahrer sitzen, einen kellergesichtigen Menschen, dessen Schirmmütze mit braunem Samtband und Silberkordel überm Lackschild, tief ins Gesicht geschoben war, einen, dessen Oberlippe ein viereckiges Bärtchen schwärzte. Ja, er war's, du erkennst ihn, eine Unterarmlänge von dir entfernt, und finster schaut er mit bläulichem Blick zu dir herauf, geduckt neben dem Fahrer; und der Ärmelstoff seiner senfgelben Jacke hat einen Wulst unter der Schulter, denn der dort preßte den Arm an die Tür. Du siehst ihn, schau ihn genau an und guck so finster wie er; wenn seine Begleiter dich anschreien, sagst du: ›Je ne comprends rien du tout, messieurs.‹«

Am Siegestor wendet der Wagen mit Hitler und kommt auf der anderen Seite zurück, zum »Haus des deutschen Rechts«, »das«, so erinnert sich Lenz alias Rapp, »dort stand, wo früher eine Anlage mit schnörkelig verziertem, gußeisernem Pissoir gewartet hatte. Schade um das Pissoir, weil doch aus diesem Pissoir vor zwanzig oder dreißig Jahren jener Dichter Rilke, übrigens im dunkelblauen Anzug und mit weißen Gamaschen (sogenannten Hundedeckchen) herausgekommen war und Treutlein Hannis Mutter ihn damals gesehen hatte. Du aber siehst heute den Hitler an derselben Stelle«. Treutlein Hanni ist die Frau des Eugen Rapp und als Halbjüdin im Dritten Reich gefährdet.

Hitler anstatt Rilke – deutlicher läßt sich der dramatische Paradigmenwechsel nicht bezeichnen, der in dieser Stadt vor sich ging.

Seine Münchner Zeit hat Eugen Rapp, alias Hermann Lenz, in der Mannheimer Straße 5 verbracht, im Haus seiner Frau, der Hanni Treutlein in seinen Büchern, nachdem er seine Heimatstadt Stuttgart 1976 verlassen hat. Der Schwiegervater war schon immer sehr mißtrauisch, was den Beruf seines Schwiegersohnes Hermann angeht: »Ja wos! Dös is doch nix! A Schriftsteller kann jeder sein!« Worauf Vater Treutlein diese Tätigkeit noch weiter differenziert: Ein »Schriftsteller sei halt einer, der in der Zeitung schreibe, in der Unertlstraß' sei a Hund verreckt«. Das ist nun allerdings nicht unbedingt ein Grund, die nahe Unertlstraße aufzusuchen.

Rund um die Universität

[Vierter Spaziergang]

Die erste Universität in Bayern wurde von Herzog Ludwig dem Reichen in Ingolstadt gegründet – 1472, zwanzig Jahre bevor Kolumbus Amerika entdeckte. Erst 1826 kam die Universität nach München, und zwar von Landshut zunächst in das ehemalige Jesuitenkolleg in der Innenstadt. Nach einem feierlichen Hochamt in der Michaelskirche am 15. November 1826 zogen die Professoren in stattlichem Aufzug in die ihnen zugewiesenen Räume ein.

Ein guter Ausgangspunkt für einen Rundgang durch das Universitätsviertel ist der westliche Brunnen vor der Universität auf dem Geschwister-Scholl-Platz. In das Pflaster vor dem Brunnen sind in stilisierter Form die Flugblätter der Geschwister Scholl eingelassen, als wären sie nicht nur in den Lichthof der Universität hinuntergeflattert, sondern auch vor die Tore der Alma mater. Sechs Flugblätter waren es insgesamt. »Einer muß ja doch mal schließlich damit anfangen. Was wir sagten und schrieben, denken ja so viele. Nur wagen sie nicht, es auszusprechen«, gibt Sophie Scholl im Verhör 1943 zu Protokoll.

Zum passiven Widerstand wollte sie mit ihrem Bruder Hans und den anderen Mitgliedern der *Weißen Rose* das deutsche Volk aufrufen, gegen Hitler, gegen die Nazis, gegen den Krieg. Nach der Schlacht von Stalingrad wollen und können sie nicht mehr warten. Im Gartenhaus der Franz-Joseph-Straße 13 verfassen die Geschwister Scholl die Flugblätter, Hans Scholl, Willi Graf und Alexander Schmorell hinterlassen in der Ludwigstraße siebzigmal die Losung »Nieder mit Hitler«. In der Kaulbachstraße, in den

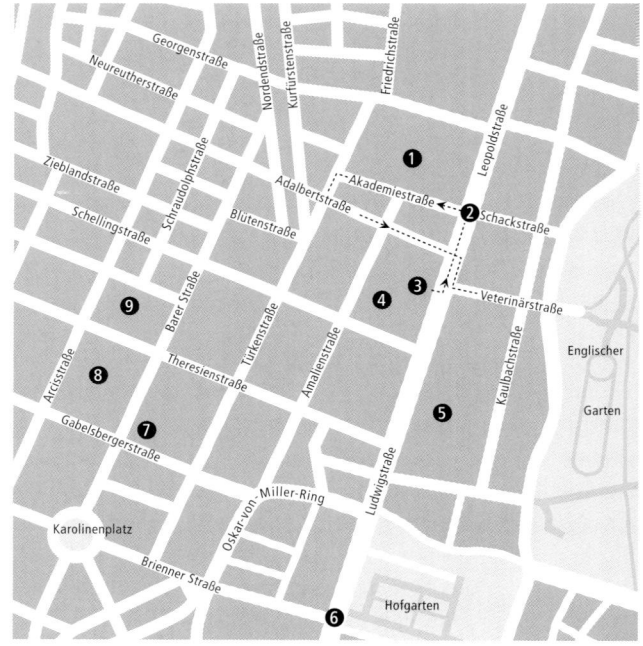

[1] Akademie der Bildenden Künste [2] Siegestor [3] Geschwister-Scholl-Platz [4] Ludwig-Maximilians-Universität [5] Bayerische Staatsbibliothek [6] Odeonsplatz [7] Pinakothek der Moderne [8] Alte Pinakothek [9] Neue Pinakothek

Kellerräumen von Manfred Eickemeyers Atelier werden die Flugblätter vervielfältigt, Willi Graf wohnt ganz in der Nähe, in der Mandlstraße 1. Er kommt aus der katholischen Jugendgruppe »Bund Neudeutschland«, seinen Leitspruch entnimmt er dem Jakobusbrief: »Seid Gefolgschaft in der Tat, nicht nur im Hören der Worte.« Der Vater von Christoph Probst, einem weiteren Mitglied der *Weißen Rose*, war mit den Malern Paul Klee und Emil Nolde befreundet. Er selbst ist gut bekannt mit Carl Muth, Herausgeber der von Nationalsozialisten verbotenen katholischen Zeitschrift *Hochland*.

Schon im Herbst 1940 lernen sich Hans Scholl, Alexander Schmorell und Christoph Probst kennen. Fragen nach der Berechtigung des Tyrannenmordes werden diskutiert: keine einfache Auseinandersetzung für die stark religiös geprägten jungen Studenten. 1942 stößt Sophie Scholl zu dem Kreis, man kommt auf den Widerstand zu sprechen. Sie ist es auch, welche den Kontakt zu Professor Huber anregt.

Das sechste Flugblatt ist ihnen zum Verhängnis geworden, am 18. Februar 1943 alarmiert der Hausmeister der Universität die Gestapo, die Mitglieder der *Weißen Rose* werden verhaftet und noch im selben Monat hingerichtet. »Freiheit und Ehre! Zehn Jahre haben Hitler und seine Genossen die beiden herrlichsten deutschen Worte bis zum Ekel ausgequetscht, abgedroschen, verdreht, wie es nur Dilettanten vermögen, die höchsten Werte einer Nation vor die Säue zu werfen.« Am selben Tag hält Goebbels seine berüchtigte Rede im Berliner Sportpalast.

Am Montag, den 22. Februar 1943 wird den Geschwistern Scholl und Christoph Probst der Prozeß gemacht, im Verhandlungssaal 216 des Münchner Justizpalastes, er dauert dreieinhalb Stunden, weitere dreieinhalb Stunden später werden sie hingerichtet. Alexander Schmorell und Willi Graf folgen.

Am 12. Juli 1943 haben die Nazis mit dem im Kanton Graubünden in Chur am 24. Oktober 1893 geborenen Kurt Huber einen weiteren Menschen ermordet, von dem man sich wünschte, es hätte mehr davon in Bayern gegeben. Er war Professor an der Ludwig-Maximilians-Universität für Philosophie, experimentelle Psychologie, Ton- und Musikpsychologie und psychologische Volkskunde und – das ist das Erstaunliche, weil es diese Mischung sonst nicht gibt – Volksliedsammler. Für Kurt Huber ist die Musik, das Volkslied, etwas gewesen, das ein Volk davor bewahrt, ein Nichts zu werden, und damit Masse, die nur noch Gassenhauer kennt und kein Lied mehr, in dem es sich selbst erkennt. Und Musik und Philosophie gehören für ihn zusammen. Philosophie, vor allem die des Leibniz, über den er zuletzt Vorlesungen gehalten hat, gibt für ihn dem Menschen, im Rahmen einer göttlichen Setzung, die Möglichkeit, über sich selbst nachzudenken und solchermaßen sein eigenes Handeln auch selbst zu bestimmen. Die Studenten im Hörsaal 315 verstehen, was gemeint ist. Noch nach seiner Verurteilung arbeitet Huber an seinem Buch über Leibniz, den Tod vor Augen schreibt er über die Freiheit des Geistes. Kurt Huber war ein Mann, der das, was er lehrte, nicht nur so meinte, sondern auch die letzte Konsequenz, den eigenen Tod, in Kauf nahm.

In dem neoklassizistischen Lichthof der Universität, in den die Flugblätter hinuntergeworfen worden waren, ist eine fast immer mit Blumen geschmückte Denktafel eingelassen, unter dem Auditorium maximum dokumentiert eine »Denkstätte« die Geschichte der *Weißen Rose*.

Vom 15. Januar bis zum 15. Juli 1919 belegt Bert Brecht an der Ludwig-Maximilians-Universität in einem Kriegsnotsemester die Vorlesung »Bau, Verrichtung und Gesundheitspflege des menschlichen Auges« von Gustav Freytag, stellt aber umgehend in Folge der Schwangerschaft seiner Freundin Paula Banholzer einen Antrag auf Exmatrikulation. Diesem wird am 25. Juni stattgegeben, Brecht verzichtet auf die Anrechung des Zwischensemesters und beendet damit eine Universitätslaufbahn, die nie begonnen hat. Allerdings hat er im Seminar Arthur Kutscher kennengelernt, insofern hat sich die Alma mater letztlich doch auch für Bert Brecht gelohnt.

Im Jahr 1920 wird Brecht Dramaturg an den Münchner Kammerspielen, trifft auf die später weltberühmte Schauspielerin Elisabeth Bergner, auf Karl Valentin, bei dem er eine kleine Rolle als Pianist in einem Film übernimmt. Oskar Maria Graf berichtet in seiner zweiten Autobiographie *Gelächter von außen* von einer frühen Begegnung mit Brecht. Graf arbeitete als Dramaturg für die Arbeiterbühne, Brecht hatte ein Manuskript eingereicht. Es handelt sich um das Stück *Trommeln in der Nacht*, das später, im September 1922, von Otto Falckenberg an den Kammerspielen uraufgeführt wird – Graf indes lehnt es ab:

»Einmal bei der Durchsicht des täglichen Posteinlaufs fiel mir ein Manuskriptpäckchen auf, dessen Absender- und Empfängeradresse durchweg mit kleinen Buchstaben geschrieben war. Die Schrift war sehr deutlich, aber man hatte den Eindruck, daß dieses brav anmutende Schulmäßige nichts anderes war als eine berechnete Manieriertheit. So pflegten Georgeaner zu schreiben. Ich stellte mir also einen schon alt gewordenen Jünger dieses Dichters vor und warf das Manuskript zum Haufen in die Ecke.«

Das Verfahren ist probat und Alltag im Leben von Lektoren und Dramaturgen, aber auch im Leben eines solchen Berufstandes wirft man nicht jeden Tag ein Skript von Brecht in die Ecke. Natürlich spricht einer wie Brecht vor: »Nach ungefähr drei oder vier Wochen kam ein mittelgroßer, sehr magerer, spitznasiger Mensch in unser Büro, der schon deswegen auffiel, weil er sehr unrasiert und betont proletarisch angezogen war, obgleich sein bebrilltes junges Gesicht eher an einen eben fertig gewordenen Lehramtskandidaten erinnerte.« Es handelt sich um Brecht, und Graf versucht, sich aus der Situation zu retten: »Bert Brecht? – Bert Brecht? – Hm, Bert Brecht? Bert Brecht? plagte ich mich, im stillen zu eruieren, und endlich fiel mir das Manuskript mit der Kleinschriftadresse ein.« Graf redet sich auf den Posteinlauf hinaus, die Situation wird immer schlimmer, schließlich fischt er das Paket aus dem Haufen in der Ecke heraus, er muß es erst aufschneiden, blättert schließlich kurz im Personenverzeichnis des Stükkes, um unverzüglich dem Verfasser zu bescheiden: »Das können wir nicht brauchen. Das Stück kommt leider für uns nicht in Frage.« Brecht ist erstaunt, da doch sein Skript offenkundig noch gar nicht gelesen sei. Das sei auch nicht notwendig, bescheidet ihn naßforsch Graf, es habe zu viel Personal, das mache zu viele Umstände, außerdem wären feuerpolizeilich nicht mehr als acht Personen auf der Bühne erlaubt. Brecht schaut Graf an, so schildert es Graf selbst, als »halte er mich für einen Vollidioten«. Dennoch gibt er vor zu kapieren, mit »einem gefrorenen Lächeln« tut er das, »denn richtig herzhaft lachen konnte er«, wie Graf auch später immer wieder erleben wird, »offenbar überhaupt nicht. Ungerührt nahm er sein Manuskript und verabschiedete sich.«

Unter der Regie von Falckenberg kommt das Stück dann doch heraus. Gewidmet ist es Paula Banholzer, sie schreibt: »Hier trafen zwei Könner aufeinander: Falckenberg und Brecht. So kann es mich heute nicht mehr wundern, daß die Premiere ein großer Erfolg wurde und langanhaltender Beifall die Schauspieler immer wieder auf die Bühne holte.« Doch aus einem gemeinsamen Feiern wird nichts: »Erstmals zog Brecht eine andere Gesellschaft der meinen vor.« Tatsächlich tritt dann Marianne Zoff in sein Leben, die er 1922 heiratet. Feuchtwanger ist Trauzeuge. An seine Tochter Hanne schreibt Brecht: »Die Adresse deines Vaters ist Akademiestraße 15. Die Stadt heißt München, das Land Bayern, der Stern Erde.«

Ein paar Häuser weiter, in der damaligen *Pension Suisse*, Akademiestraße 9, wohnte Erich Mühsam. In seinem Erinnerungsprojekt *Ortsbeschreibung* hat Dirk Heißerer über 70 Texte von Autoren ausgewählt, die er vor deren Wohnung auf den Gehsteig hat malen lassen. Vor dem Haus Nummer 9, in Sichtweite zum Siegestor, die Verse Mühsams:

> Es stand ein Mann am Siegestor,
> der an ein Weib sein Herz verlor.
> Schaut sich nach ihr die Augen aus,
> in Händen einen Blumenstrauß.
> Zwar ist dies nichts Besundres.
> Ich aber – ich bewunder es.

Erich Mühsam kennt sie alle: »Die Maler, Bildhauer, Dichter, Modelle, Nichtstuer, Philosophen, Religionsstifter, Umstürzler, Erneuerer, Sexualethiker, Psychoanalytiker, Musiker, Architekten, Kunstgewerblerinnen, entlaufenen höheren Töchter, ewigen Studenten, Fleißigen und Fau-

Bertolt Brecht und Oskar Maria Graf in New York

len, Lebensgierigen und Lebensmüden, Wildgelockten und adrett Gescheitelten.« Seit 1909 hält er sich in München auf. Er hat schon Geld- und Haftstrafen hinter sich, u. a. wegen Unterstützung von Gustav Landauers »Sozialistischem Bund«. Insgesamt bringt ihm seine antibürgerliche Haltung mehr als acht Jahre Gefängnis ein. Schreiben und politisches Engagement sind bei ihm nicht zu trennen, eine rein ästhetische Existenz, wie auch in der Boheme verbreitet, ist seine Sache nicht. Caféhaus und politische Agitation sind ihm keine Gegensätze. 1916 wendet er sich »An die Dichter« mit dem Ruf: »Genug geschwärmt! Genug geträumt!«

Mühsam schreibt für den *Simplicissimus*, für die *Elf Scharfrichter*, er gründet die Gruppe *Tat*, gibt die Zeitschrift *Kain* von 1911 bis 1914 heraus, ist Mitarbeiter der Zweiwochenzeitschrift *Revolution* im Bachmair Verlag. Er erhält 15 Jahre Festungshaft in Niederschönenfeld für die Beteiligung an der Räterepublik, 1924 wird er bizarrerweise im Rahmen einer für Hitler gedachten Generalamnestie entlassen. Von 1926 bis 1933 ist er Herausgeber der anarchistischen Zeitschrift *Fanal*. Im Konzentrationslager Oranienburg ermorden ihn die Nazis in der Nacht vom 10. auf den 11. Juli 1934.

Im selben Haus Nummer 9 wie die *Pension Suisse* befand sich das *Café Minerva* mit Sitz der »Nebenregierung« um Josef Ruederer. Die Nebenregierung stand in Opposition zu einer Hauptregierung, der »Gesellschaft für modernes Leben« um Michael Georg Conrad, sowie der gesellschaftlich tonangebenden Kreise mit Lenbach, Kaulbach, Gabriel von Seidl und Paul Heyse. Halbe als Verfasser des Erfolgsstückes *Jugend*, selbst gewissermaßen Konkurrent Ruederers, erinnert in der »Geschichte meines Lebens« mit dem Titel *Jahrhundertwende* an den bewegtesten unter den vielen bewegten Abenden im *Café Minerva*. Dieser ereignet sich aus seiner Sicht, als Wedekind im Frühjahr 1896, aus Paris zurückkommend, aus seinem Drama *Das Sonnenspektrum* vorträgt. »Schon der Stoff des Stückes«, bemerkt Halbe, »erregte ironische Heiterkeit bei der großen Mehrheit der Anwesenden«, denn es spielt in einem Bordell, »allerdings in einem stark idealisierten Bordell, wie dies ja auch der damaligen Gedankenwelt Wedekinds am besten entsprach«. Halbe versäumt nicht, »die hübschen Insassinnen des gastfreundlichen Pensionats« aufzuzählen: »Blond, braun, schwarz, hell, dunkel, Weiße und Negerinnen«, sie bilden zusammen eine Art von Sonnenspektrum. Der Held des Stückes, »eine Wedekindsche Abenteuergestalt«, wird natürlich der Reihe nach durchgereicht.

In der Adalbertstraße 15, im jetzigen *Restaurant Mario*, hatte einst Georg Carl Steinicke, genannt »Papa Steinicke«, seinen Platz. Steinicke ist wie so viele der legendären Gestalten Schwabings oder des Universitätsviertels keineswegs ein Münchner, sondern Berliner. Er hat an diesem Platz ursprünglich einen Buchladen mit Leihbibliothek betrieben, dann in einer frühen Krise des Buchhandels diesen Laden in ein Kabarett mit Weinstube umgewandelt. Auch das Kabarett ging ein, aber der Weinladen blieb. Zur Legende wird er als Verleger und Betreiber seiner Kleinkunstbühne, seines »Künstlerclubheims«; hier findet auch der erste »Tukan«-Abend statt, eine Gedenktafel erinnert daran. Am 16. Dezember 1914 wird die Bühne mit Lena Christ eröffnet, ihr folgen Mühsam, Thomas und Heinrich Mann, Johannes R. Becher, Hanns Johst, Klabund, Max Halbe, Theodor Däubler, Hans Carossa; am 7. Februar 1922 findet hier der erste öffentliche Auftritt Ödön von Horváths statt.

Der Rundgang um die Straßen nördlich der Universität endet wiederum am Brunnen, in dem man alles mögliche vermuten kann, nur nicht einen nackten bayerischen Heimatdichter, schon gar nicht Ludwig Ganghofer. Er hatte es sich zur Angewohnheit gemacht, in einem der beiden Monumentalbrunnen vor der Universität ein Bad zu nehmen, »plumpste ins Bassin, pritschelte und plätscherte, gurgelte und spritzte, spielte Wassermann, machte die späten Wanderer lachen und jagte einsam heimzappelnden Frauenzimmerchen einen panischen Schrecken ein«. Einmal kommt aber doch ein Gendarm: »Sö! Ganga S' aussi da!« fordert er Ganghofer auf, doch der antwortet: »Ich mag nicht.« Der Polizist will nun Ganghofers Gewand mit auf die Wache nehmen, wovon er mit der Argumentation abzuhalten ist, daß er öffentliches Ärgernis erregen wird, wenn er den Delinquenten zwingt, nackt durch die Stadt zu laufen. »Herrgottsakra!« sagt der Polizist und ist ratlos.

Mit sophistischer Dialogregie bringt Ganghofer ihn sogar dazu, daß er sich so weit vom Brunnen entfernt, daß sich Ganghofer nicht genieren muß, wenn er aus dem Wasser steigt und sich ankleidet. Er geniert sich aber dann überhaupt nicht, so »butzelnackert« wie eh und je bis zum Siegestor zu rennen, die Kleider unterm Arm, um dort den Polizisten endgültig abzuhängen. Erkenntniserfolg: »Das Bad im Universitätsbrunnen unterließ ich für längere Zeit.«

Geht man heute durch das kurze Stück der Veterinärstraße in den Englischen Garten hinüber, wird man um den Anblick von nackten Menschen gar nicht umhinkönnen. Die Fremdheit zwischen den Geschlechtern ist das große Thema der Marieluise Fleißer. In ihrem *Abenteuer aus dem Englischen Garten* schildert sie eine Liebesgeschichte aus der Perspektive des Emil. Sitzend gelangt dieser Emil zu der »Erkenntnis, was er für ein Ochs ist. Dabei hat er durch die Bäume in den Himmel geschaut, und wie da die Sterne stehen, das vergißt er sein Lebtag nicht, so tief haben sie sich in sein Herz gebohrt.« Und weiter: »So arg schön hat sie meinen Namen genannt und die Hände zusammengelegt, wie wenn sie mich anfleht um Verzeihung, den Tort mir aber doch antut. Nichts wie einen Emil hat sie aus mir gemacht vor lauter Namensnennung, aber so falsch war sie dabei. ›Emil, es geht nicht‹, das war ihr Refrain, und das ist er geblieben.« Trotzdem wohnt dem Fräulein etwas inne, was der Mann nicht begreift, weil in ihr eine »Bereitschaft an das Unbekannte« lag. »Einer unbändigen Sehnsucht hatte sie sich verschrieben, ich kam da nicht mit.« Zuletzt heißt es vom Fräulein: »›Gewiß‹, sagte sie und gab mir hastig die Hand. Dann war meine Hand leer, ich wußte nicht, ob es gewiß ist.«

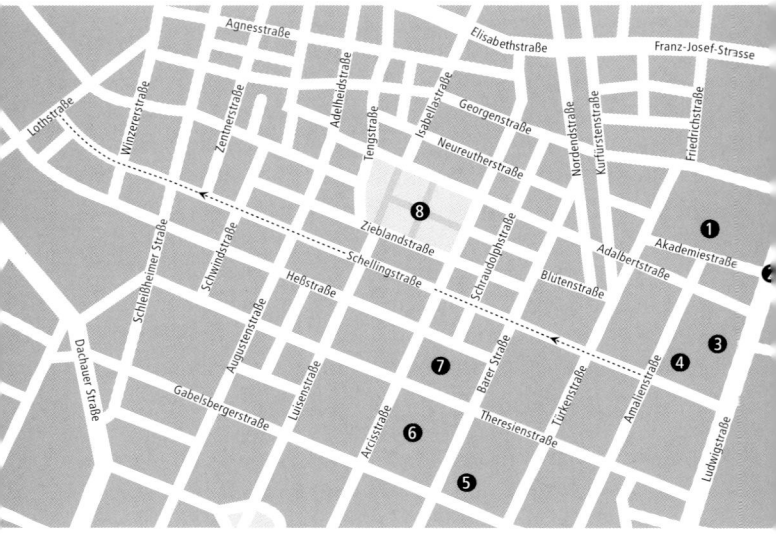

[1] Akademie der Bildenden Künste [2] Siegestor [3] Geschwister-Scholl-Platz [4] Ludwig-Maximilians-Universität [5] Pinakothek der Moderne [6] Alte Pinakothek [7] Neue Pinakothek [8] Alter Nördlicher Friedhof

In die Schellingstraße

[Fünfter Spaziergang]

Vielleicht ist die Schellingstraße von heute keine schöne Straße, aber allein daß sie nach einem Philosophen wie Friedrich Wilhelm Schelling benannt ist, hebt sie schon aus dem Geflecht anderer Straßen heraus. Vielfach bespöttelt, attackiert, heftig kritisiert, wurde er auch geradezu verehrt. Heidegger etwa hielt Schellings Philosophie der Freiheit für »eines der tiefsten Werke der deutschen und damit der abendländischen Philosophie«.

Die Schellingstraße ist ein Mythos. Die ganze Boheme der Stadt traf hier und in den Seitenarmen der Amalien- und der Türkenstraße zusammen. Dadaisten suchen Faschisten aus dem Weg zu gehen, Oskar Maria Graf prallt trotzdem mit Hitler zusammen, in der Schellingstraße 48 bildete sich mit der Zeitschrift *Der Ruf* zugleich ein Urkern der Gruppe 47. Und ganz am Ende, wo die Straße ins Nichts abzudriften scheint, wartet Ödön von Horváth mit seinem Fräulein Pollinger. Nur Schelling selbst lebte nicht hier, sondern in der Promenadenstraße 10, in der Innenstadt; sein Denkmal steht in der Maximilianstraße – im *Schellingsalon* an der Ecke Barer Straße findet sich sein Porträt gleich über der Eingangstür; welche Gastwirtschaft kann das schon für sich reklamieren?

In ihrem Namensgeber erblickt der bayerische Historiker Max Spindler ein Symbol des seinerzeit neuen Geistes, der in die Ludwig-Maximilians-Universität zur Zeit ihrer endgültigen Ankunft in München einziehen sollte: »Ein Symbol der Vereinigung von Glauben und Wissen sollte sie sein, und als der Gelehrte, der die Synthese vollziehen, die Sehnsucht nach dem Irrationalen, Metaphysischen stillen, eine christliche Offenbarungsphilosophie entwickeln, mit seinem Geist die Disziplinen durchsäuern sollte, war Schelling gedacht.«

Schelling, Görres und Baader sollten jenseits der Aufklärung spekulative Methoden an die Universität zurückbringen. »Diese Männer«, so führt Spindler aus, »gaben der Universität und dem geistigen Leben der Stadt ein besonderes Gepräge, von ihnen wurden die Aufklärung innerlich überwunden ... durch sie blieb das spekulative Denken in München länger beheimatet und wurde der universelle Zusammenhang länger gewahrt als anderswo.«

Eine ganz besondere Adresse ist die Schellingstraße 48. Sie ist zum Titel eines Buches von Walter Kolbenhoff geworden, eben *Schellingstraße 48*, das er im Untertitel *Erfahrungen mit Deutschland* nennt. Es stellt die Situation der deutschen Literatur nach dem Zusammenbruch des Dritten Reiches dar. Befreundet u. a. mit dem marxistischen Psychoanalytiker Wilhelm Reich, arbeitet er in der Weimarer Republik als Journalist für die *Rote Fahne*, wird aber wegen seines 1933 im Exil erschienenen Buches *Untermenschen* aus der Kommunistischen Partei ausgeschlossen. Von Reich angeregt, betreibt er darin die Überlegung, weshalb die deutsche Arbeiterklasse sich nicht geschlossen gegen die Nazis gewehrt habe. Kolbenhoff erblickt im deutschen Kadavergehorsam eine der Ursachen.

Im Lager Fort Kearney in den USA wird er zusammen mit anderen antifaschistischen deutschen Kriegsgefangenen wie Alfred Andersch und Hans Werner Richter auf die Demokratisierung im Nachkriegsdeutschland vorbereitet. Andersch beginnt bereits dort sein Buch *Die Kirschen der*

Freiheit. 1946 werden sie nach Deutschland entlassen. München ist allerdings für Kolbenhoff nicht wiederzuerkennen:

»Ich hatte nur die Stadt sehen wollen. Aber es gab keine Stadt. Es gab nur diese den Geist betäubende Wüste. Die Wesen in dieser Wüste glichen Gespenstern. Männer in zerschlissenen Uniformen, Frauen in abgetragenen Kleidern und Mänteln. Die Gesichter waren ohne Ausdruck, die Augen tiefliegend und ohne jegliche Regung. Kinder sah ich nicht. Mich ergriff eine ungeheure Einsamkeit und Verzweiflung.«

Durch Zufall findet er auf einer Bretterwand, welche ein »wie mit Schimmel überzogenes, großes Gebäude in pseudogotischem Stil« verkleidet – es ist das Rathaus – einen Zettel unter Hunderten anderer, der von Alfred Andersch stammt, mit der Angabe »Schellingstraße 39«. Kolbenhoff sucht sich den Weg:

»In der Straße, durch die ich jetzt ging, war die eine Seite der Fahrbahn für den spärlichen Verkehr von den Trümmern befreit worden, auf der anderen lagen Schienen auf dicken Holzbohlen, und darauf schob sich ächzend, lärmend eine lange Reihe von trümmerbeladenen Loren, die von einer kleinen, heftig schnaufenden Dampflokomotive gezogen wurde. Endlich stand ich vor dem Haus Schellingstraße 39. Es trug ebenfalls Wunden des Krieges.«

Andersch klärt ihn unverzüglich auf: »Du befindest dich in der Redaktion der *Neuen Zeitung*, einer amerikanischen Zeitung für die deutsche Bevölkerung!« Er zeigt Kolbenhoff ein Exemplar mit dem gleichen Format wie das des *Völkischen Beobachters*. »Erst haben die Alliierten versucht, die Zeitungsgebäude zu zerbomben, trafen aber daneben und haben die Arcisstraße und die Straßenzüge dahinter dem Erdboden gleichgemacht. Die Gebäude hier haben kaum was abbekommen. Die Rotationsmaschinen blieben intakt. Jetzt haben die Amis alles, was sie brauchen, um eine Zeitung zu machen. Wann fängst du an?« Kolbenhoff soll sofort anfangen: »Wir sind dabei, eine neue deutsche Republik aufzubauen, und wir wollen nicht dieselben Fehler machen, die sie damals in Weimar gemacht haben.« Kolbenhoffs Zukunft eröffnet sich ihm so schnell, dass er kaum Schritt halten kann. Andersch will ihn gleich dem Feuilletonchef vorstellen. Es ist tatsächlich der Dichter Erich Kästner – Kolbenhoff kann es erst gar nicht begreifen.

Andersch aber will mehr, er will die Zeitschrift für Kriegsgefangene, die es schon in Fort Kearney gegeben hatte, fortsetzen, den *Ruf*. »Andersch wollte gegen die Kollektivschuldthese und für einen europäischen demokratischen Sozialismus kämpfen«, ein aus Sicht der Alliierten von Anfang an prekäres Programm. Kolbenhoff bringt Andersch und Hans Werner Richter zusammen. In seiner Wohnung in der Schellingstraße 48 wird dann ab dem 25. August 1946 *Der Ruf. Unabhängige Blätter der jungen Generation* erstellt: »*Der Ruf* wurde über Nacht in allen Zonen zum Sprachrohr der heimkehrenden Jugend. Sofort waren hunderttausend Exemplare verkauft, weitergegeben und von noch viel mehr Menschen gelesen. Richter und Andersch hatten den Nerv dieser Zeit getroffen. Es war ein Triumph!« Sechzehn Nummern lang sind Andersch und Richter für den *Ruf* verantwortlich. Der siebzehnte ist »den Amis zuviel«. Die Herausgeber und Autoren fühlen sich aus amerikanischer Sicht zu frei: Ihrer Meinung nach haben diese jungen Männer den Krieg ja gewonnen, die Nazis haben ihn verloren. *Der Ruf* verhallt, die Null-

nummer einer Zeitschrift mit dem Titel *Skorpion*, die nur
noch, um der amerikanischen Zensur zu entgehen, literarische Themen aufgreifen soll, kommt dennoch nicht über
die Nullnummer hinaus.

Richter lädt die beteiligten Autoren zu einem Treffen
ein, denn daß sie sich gegenseitig ihre Texte vorlesen, deren Veröffentlichung verboten ist, können auch die Ameri-
kaner nicht verhindern. So wird die *Gruppe 47* geboren.

Geht man die Schellingstraße weiter, trifft man auf den
Schweizer Dichter Robert Walser, der in Nummer 43 wohnte (zuerst Amalienstraße 48), den Da-
daisten Richard Huelsenbeck in Nummer 60, seinen Kollegen Hugo Ball
in Nummer 64/II. Seit 1906 ist Ball
in München, nachdem er sein Studium der Philosophie und Soziologie
aufgegeben hat. Von 1912 bis 1914
arbeitet er als Schauspieler und Dramaturg an den Münchner Kammerspielen. Von der Schellingstraße wech-
selt Hugo Ball zusammen mit Emmy
Hennings im Frühjahr 1915 in die
Spiegelgasse nach Zürich und hebt

Robert Walser

dort im von ihm mitbegründeten *Club Voltaire* Dada aus
der Taufe – auch das paßt gut: die Schellingstraße als Wiege
kühner Visionen.

Ödön von Horváths Roman *Der ewige Spießer* führt
gleich zu Beginn in die Schellingstraße: »Mitte September
1929 verdiente Herr Alfons Kobler aus der Schellingstraße
sechshundert Reichsmark. Es gibt viele Leute, die sich so-
viel Geld gar nicht vorstellen können.« Das Geld ist Er-
lös aus dem Verkauf seines »Karren«, wie er ihn nennt,

eines »ausgeleierten Sechszylinders«. Ein Käsehändler namens Portschinger kauft den Wagen, über den Bahnhofsplatz geht die Fahrt und über den Marienplatz, wo ein Schutzmann brüllt: »Schließen Sie doch den Auspuff! ... ›Es is schon schöner so im eignen Kabriolett als auf der stinkerten Bahn‹, meinte der Herr Portschinger. Er strengte sich nicht mehr an, hochdeutsch zu sprechen, denn er war sehr befriedigt.« Kurz vor Rosenheim überschlägt sich nach bereits zwei Pannen das schicke Kabriolett, das infolgedessen »einen dampfenden Trümmerhaufen bildete«.

Kobler seinerseits beschließt, von dem Geld, das er eigentlich einer verflossenen Schauspielerin schuldet, eine Reise zur Weltausstellung nach Barcelona zu buchen. Am Abend zuvor besucht er sein Stammlokal, den *Schellingsalon*, bestellt sich einen Schweinsbraten und versucht der Bedienung zu imponieren, indem er ihr seine Reisepläne offenbart, was freilich mißlingt: »Geh, wer werd denn so blöd sein!« sagt sie. Auch dem Fräulein Anna Pollinger gegenüber, das ebenfalls in den *Schellingsalon* kommt, gibt er damit an, doch hegt das Fräulein Pollinger andere Gedanken: »Dann wird es also heut nacht nichts.« »Nein«, sagt Kobler. »Niemand garantiert dir, Alfons Kobler, kein Gott und kein Schwein, so ging es in ihm zu.«

Ein geplantes Volksstück *Die Schönheit aus der Schellingstraße* mit Musik von Kurt Weill geht auf in *Geschichten aus dem Wiener Wald*; gewohnt hat Horváth in München bei seinen Eltern in der Prinzregentenstraße 24, von 1914 bis 1918 in der Widenmayerstraße 43, selbständig in der Türkenstraße 98; neben dem Haus in Murnau werden auch später noch Stadtwohnungen in der Martiusstraße 4 und in der Bayerstraße 31 gehalten. Im Herbst 1923 bezieht Horváth ein Zimmer zur Untermiete in der Arcisstraße 50.

In die Seitenarme der Schellingstraße

[Sechster Spaziergang]

Wir wollen nun die Seitenarme der Schellingstraße durchstreifen – ein Rundweg bietet sich nicht an, zu vieles würde übersprungen.

Der Zentralort der Boheme um die Jahrhundertwende ist das legendäre *Café Stephanie*. An der Ecke Theresienstraße in der Amalienstraße 25 hatte es seinen Platz; heute nennt sich das Kaffeehaus *Odeon*. Johannes R. Becher, später Kulturminister der DDR und Textdichter der Nationalhymne *Auferstanden aus Ruinen*, bedichtete dieses Café:

In München wars, im Café Stefanie.
Als ich dir, Emmi, die Gedichte sagte,
Die ich allein dir nur zu sagen wagte,
Und häufig kam das Wort vor: ›Irgendwie‹.

Am Tisch daneben spielte Mühsam Schach,
Und Frank saß einem Geldmann auf der Lauer.
(Vielleicht saß der indes im Café Bauer?)
Ein Denker hielt mit Kokain sich wach.

Franz Jung erschien mit einer Tänzerin,
Und Bing, der Zeichner, ließ das Billard fahren,
Denn Däubler nahte sich mit Bauch und Bart.

Ihr Freunde, die ihr gute Freunde wart,
Ich schreib euch dies zum Angedenken hin
an jene Zeit, als wir noch Kinder waren.

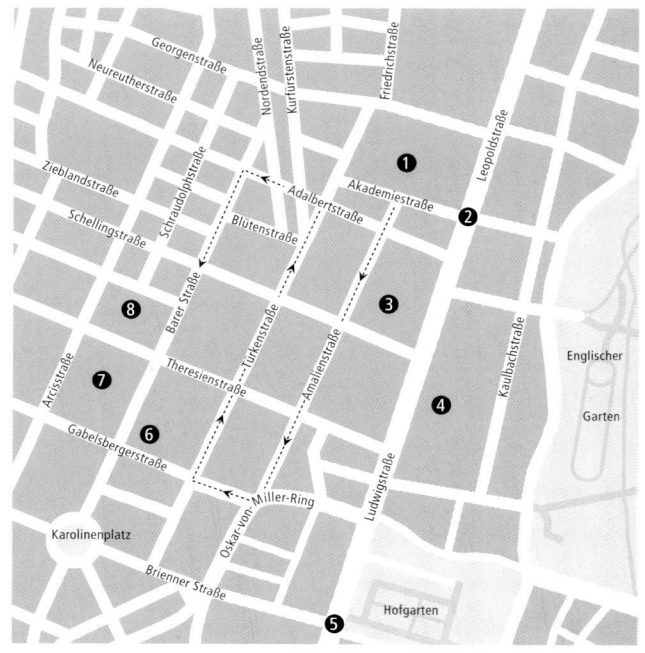

[1] Akademie der Bildenden Künste [2] Siegestor [3] Universität [4] Bayerische Staatsbibliothek [5] Odeonsplatz [6] Pinakothek der Moderne [7] Alte Pinakothek [8] Neue Pinakothek

Mit Emmi ist Emmy Hennings gemeint, der Denker ist Otto Gross. Der Freud-Schüler und Neuropathologe Otto Gross übte erheblichen Einfluß auf die ganze Szene aus. Er pflegte seine Analysen im Kaffeehaus abzuhalten, und Kafka plante mit Gross eine Zeitschrift herauszugeben: *Blätter zur Bekämpfung des Machtwillens*; Franz Jung eine mit dem Titel *Organ für psychologische Probleme des Anarchismus*. In einer Reihe von Erzähltexten taucht er als identifizierbare Figur auf, in Werfels *Barbara oder die Frömmigkeit*, in Johannes R. Bechers *Abschied* als Dr. Hoch, in Franz Jungs *Sophie* als Otto, in Max Brods *Das große Wagnis* als Dr. Asconas, er geht ein in *Lady Chatterley's Lover* von D. H. Lawrence und als Dr. Kreuz in Leonhard Franks Roman *Links wo das Herz ist*: »Doktor Kreuz sagte, während er eine Zigarette drehte, halb Tabak, halb Tee, lächelnd zu seinen Anhängern: ›Den meisten erscheinen die Erkenntnisse Freuds heute noch als Unsinn; ich denke die Ergänzung Nietzsches durch Freud könnte der große Glückszufall des zwanzigsten Jahrhunderts sein.‹«

In der Amalienstraße 30 gründen im Januar 1958 im Gasthaus *Schwarzer Adler* die Maler Fischer, Sturm, HP Zimmer und Prem die Gruppe *SPUR* mit eigener Zeitschrift. Das »Januar-Manifest« besteht aus einer Mischung von Anarchismus und Fasching, die eine Vorform zur 68er-Bewegung darstellt: »Wer in Politik, Staat, Kirche, Wirtschaft, Militär, Parteien, Organisationen keine Gaudi sieht, hat mit uns nichts zu tun.« Allein, der Ort ist genial gewählt: aus den Fenstern schauend, wäre der Blick auf das einstige *Café Stephanie* gefallen, beste anarchistische Tradition fortsetzend.

Einmal mehr in München wird Dada und politische Aktion in eins gesetzt, es geht um den ingeniösen Künstler-Revolutionär. In jenen Tagen läßt sich die Institution Staat auch noch wirklich provozieren, und es wird auch noch richtig etwas verboten, so daß sich der Spaß lohnt. Die Nummer 6 der Zeitschrift *SPUR* wird beschlagnahmt wegen eines Textes von Heimrad Prem mit dem Titel »Wenn Blicke Samen wären«. Die Gruppe *SPUR* wird wegen ideologischer Differenzen 1962 aus der, wie es heißt, »ausschließungsseligen Situationistischen Internationalen« ausgeschlossen und beteiligt sich hierauf an der Gründung der *Subversiven Aktion*, die sich als symbolischer Anarchismus sieht.

Die *Subversive Aktion* stellt sich in den Jahren von 1963 bis 1966 als Mischung aus Psychoanalyse, Situationismus und Kritischer Theorie dar, deren geniales Motto lautet: »Der Sinn der Organisation ist ihr Scheitern.« Deshalb müssen es auch ihre Mitglieder immer wieder von neuem aufgeben, in einer Organisation mit künstlerischen Mitteln den von ihnen so erfahrenen Zwangszusammenhang der bürgerlichen Gesellschaft zu durchbrechen. Dazu gehört auch das »Ritual alljährlicher Exkludierung von einzelnen Mitgliedern und ganzen Sektionen, die sich einer Verkennung des situationistischen Selbstverständnisses schuldig gemacht haben«.

Von den reinen Aktionisten wie Otto Muehl oder Hermann Nitsch grenzen sie sich dennoch ab, da diese sich mit ihren Happenings auf einmalige Provokationen beschränken. Doch fassen auch die Aktionskünstler für eine Weile Fuß in der Stadt. Sie mieten im Juli 1969 eine Halle mit Hofraum in der Waltherstraße 25 am Goetheplatz. Im Oktober 1970 wird die Halle abgerissen, so daß nichts mehr zu erkennen ist; wer dennoch in die Gegend möch-

Die Alte Pinakothek

te: Die Waltherstraße führt von der Lindwurmstraße zum Alten Südlichen Friedhof, der auf alle Fälle einen Besuch lohnt, da viele der auch in diesem Buch erwähnten Künstler und Wissenschaftler dort begraben sind.

Der Band *Aktionsraum 1* dokumentiert die Aktionen – und die entsprechenden Reaktionen des Publikums und der Presse. Und natürlich war auch die »andere Fakultät« mit von der Partie, wie sich die Polizei in diesem Fall selbst vorstellte, um das »7. Abreaktionsspiel« am 27. Februar 1970 von Hermann Nitsch zu verhindern. Knut Nievers, seinerzeit Kommentator der Münchner Abendzeitung, steht der Angelegenheit ambivalent gegenüber. Einerseits muß er sich schon fragen, ob »Orgien-Mysterien-Spiele mit gekreuzigten Lammkadavern, mit Tiergedärmen, mit viel Blutvergießen, mit einem Geschlechtsakt, vollzogen an einer gekreuzigten Frau, mit Lärmorchester und orgiastischer Entfaltung das richtige Mittel zur Befreiung von Aggressionen und Gewalt ist«. Andererseits aber betont er, daß es eben notwendig ist, »Klarheit zu gewinnen über diese Verquickung von psychischer Verdrängung, politischem Druck und juristischem Zwang, wenn wir Demokratie ernsthaft praktizieren wollen«. Allerdings muß selbst innerhalb der durchaus rebellisch gestimmten Studentenschaft ein Film mit dem Aktionskünstler Muehl abgesetzt werden: Die angehenden Akademiker wollten lieber Zeichentrickfilme sehen.

In der Amalienstraße 23 eröffnet Friedrich Jahn, genannt der »Hendlkönig«, am 1. März 1955 sein erstes Lokal. »Im selben Jahr«, wie er in seiner Autobiographie *Vom Kellner zum Millionär – und zurück. Ein Leben für den Wienerwald* schreibt, »in dem die Bundesrepublik für souverän erklärt wurde und Österreich seinen Staatsvertrag erhielt, wurde auch ich endgültig selbständig.« So erhebt man sich selbst zum Mythos, indem man seine individuelle Biographie mit den Wirkungsmächten der Geschichte verbindet. Schon auf der Innenseite des Umschlags werden solche Bezüge hergestellt: »Er (also Friedrich Jahn) vollzog, was vor vielen Jahren Heinrich IV. schon einmal sagte, er wolle für jeden Franzosen jeden Sonntag ein Huhn in den Topf.« Kein Zweifel: *Wienerwald* hat Geschichte in der Gastronomie gemacht. Er war der Pionier, der das Huhn auch für den kleinen Mann erschwinglich machte.

Wie alle Genies bedient sich Jahn der einfachsten Methoden, sein Genie zum Ausdruck zu bringen. Er fährt mit dem Fahrrad auf den Viktualienmarkt, wobei er möglichst spät hingeht, weil da »alles Verderbliche am billigsten« ist, kauft ein paar Suppenhühner, packt sie in den Rucksack und bringt sie nach Hause zu seiner Frau – im Lokal gibt es noch keine Küche, nur einen Rechaud zum Aufwärmen. Also wird die Suppe von Frau Jahn in der Wohnung in der Mauerkircher Straße, wo ums Eck auch schon einmal Thomas Mann gewohnt hat, vorgekocht, von wo aus sie in Milchkannen auf dem Fahrrad in das Lokal in die Amalienstraße verbracht wird, unmittelbar benachbart dem *Café Stephanie*.

Auf dem Gipfel des Erfolgs im Jahr 1980 hat der Konzern 24 000 Mitarbeiter, der 1500. *Wienerwald*-Betrieb wird in Herrsching am Ammersee eröffnet: »Im Wienerwald-Imperium ging wirklich die Sonne nicht mehr unter«, Friedrich Jahn steht historisch Schulter an Schulter mit Philipp V., in dessen spanischem Habsburger Reich die Sonne ebenfalls nicht mehr untergegangen ist. »Ich hatte eigentlich alles erreicht, was ich wollte«, resümiert Jahn auf Seite 201, auf Seite 202 folgt schon der Abstieg.

Nun wird der enge Kontext von persönlicher mit politischer Geschichte allerdings zum Verhängnis. Jahn meint, daß eigentlich F. J. Strauß gemeint gewesen wäre, der abgeschossen werden sollte, aber man nahm eben ihn: »Man schlug den Sack und meinte den Esel.« So gelassen Jahn sonst mit seinem Lebenslauf umging (»Ich habe alles verloren, aber was soll's ...«), so nimmt er seine Rolle im seinerzeit fast noch unangreifbaren »Amigo«-System des ehemaligen Ministerpräsidenten vielleicht zu wichtig; schuld an seinem Niedergang war wohl eher doch sein eigenes Geschäftsgebaren. Wie auch immer: Als gar nichts mehr ging, trat er als Schrammelmusiker in der *Bongo Bar* auf, seinerzeit noch im Münchner Kunstpark Ost – und als Kellner, womit er wieder da angelangt war, wo er angefangen hatte.

Die Theresienstraße 13/III ist die erste Wohnung des im April 1898 nach München gekommenen Zeichners und Schriftstellers Alfred Kubin, Sohn eines Obergeometers aus Leitmeritz. Er wird die Landkarten des Phantastischen auszustrecken wissen bis ins Traumland, auf *Die andere Seite*, wie sein berühmter, 1909 erschienener Roman heißt. Anregungen und Inspiration fand Kubin in Meyrinks *Golem*, den dieser übrigens nicht in Prag geschrieben hat, sondern in Starnberg südlich von München.

Kubins Ich-Erzähler wird von einem Boten des sagenumwobenen Herrschers über das Traumland, eines Herrn Patera, mit einer hohen Summe für die weite Reise ausgestattet. Mit seiner Frau macht er sich auf den Weg. Kubin, der seine Erzählung selbst illustriert, fügt eine Zeichnung ein, die eine offene Kutsche auf der sonst vollkommen verkehrsfreien Ludwigstraße zeigt, unterwegs in Richtung Siegestor, zur Rechten ein paar dürre Besen als Bäume vor der Universität – obwohl noch mitten in München wird dem Leser ziemlich unheimlich zumute.

Die Reiseroute steht fest: München-Constanza-Batum-Baku-Krasnodowsk-Samarkand. Im Traumland angelangt, kommt dem Ich-Erzähler alles so bekannt vor. Lange muß er sich im Hotelbett besinnen, bis er wieder weiß: »Ich bin der Zeichner so und so – ich liege in einem Hotelbett der Hauptstadt des Traumreiches, und neben mir schläft meine Frau.« Für alle materiellen und körperlichen Bedürfnisse ist im Traumland Perle gesorgt, es ist eine »Freistätte für die mit der modernen Kultur Unzufriedenen«. Für die Aufnahme in das sagenhafte Reich ist man durch »Geburt oder späteres Schicksal prädestiniert«. Man zeichnet sich vor anderen Individuen durch »eminent geschärfte Sinnesorgane« aus, mit deren Hilfe man »die sozusagen unvorhandenen Dinge« wahrnehmen kann, welche wiederum die »Hauptessenz unserer Bestrebungen« bilden, wie der Fremde berichtet. Die Traummenschen »leben nur in Stimmungen«. Kubin gibt seinem Buch einen »Situationsplan der Stadt Perle« bei, in dem vom Palast bis zum Abdecker, vom Flußwärter bis zu den Ruinen alles minutiös eingezeichnet ist, was das Wesen dieser seltsamen Traumstadt ausmacht.

In der Theresienstraße 23 wurde Christian Morgenstern geboren. Seinen Denkmalswunsch, den er in *Palma Kunkel* hinterlassen hat, hat ihm Dirk Heißerer mit dem Projekt *Ortsbeschreibung* erfüllt: »Setze mir ein Denkmal, cher, / ganz aus Zucker, tief im Meer«, zumindest auf den Gehsteig gemalt, mit Worten, die mit der Zeit wieder verschwinden. Im Haus Nummer 46 lebte Hans Carossa von 1914 bis 1929 (die Gedenktafel befindet sich an der Seitenwand des Hauses in der Türkenstraße). Im Haus Nummer 148/Rgb. hatte Th. Th. Heine sein Atelier und seine Wohnung, ehe er den privaten Bereich nach Dießen verlegt; in seinem Roman *Ich warte auf Wunder* (1945) wird auch die Schwabinger Zeit reflektiert.

In der Türkenstraße 57 leitet Kathi Kobus seit 1903 eine »Wein-, Kaffee- und Flaschenbier-Wirtschaft«, die zum Zentrum der Schwabinger Boheme wird. Kathi Kobus gehört zu den legendären Wirtinnen Münchens. 1854 in Traunstein geboren, kommt sie als Siebzehnjährige als Kellnerin nach München. 1895 übernimmt sie die Gaststätte *Dichtelei* in der Amalienstraße und zieht von dort aus in die Türkenstraße 57 – es ist ein wahrhaft triumphaler Umzug in dieser Nacht zum 1. Mai 1903, unter Anführung von Frank Wedekind, der mit der Laute vorausschreitet. Das Logo der Zeitschrift *Simplicissimus* wird in einer veritablen Saufnacht an die Wirtin Kathi Kobus verschoben, zum Nulltarif, rechnet man die Zeche nicht ein, welche die notorisch geizige Wirtin erläßt. Mit einer Unterbrechung führt sie das Lokal bis 1924. Wedekind und Oskar Maria Graf lesen hier – und auch Thomas Mann aus seiner Erzählung *Wälsungenblut*, ein Skandal, denn jeder weiß, daß mit dieser etwas schwülen Atmosphäre das Haus Pringsheim gemeint sein muß, sprich die Familie seiner Frau Katia.

Joachim Ringelnatz, als »Hausdichter«, lebte gleichwohl im Dauerclinch mit seiner Wirtin, der verschiedene seiner Texte absolut zuwider waren, zum Beispiel die *Seemannstreue*, in der von einem Seemann die Rede ist, der in mehreren zeitlichen Abständen immer wieder seine verstorbene Geliebte Alwine ausgräbt. Ringelnatz trägt minutiös die Stadien des Verfallsprozesses vor, von Kathi Kobus unter dem Gejohle des Publikums quer durch das Lokal verfolgt, bis er den Schluß nur noch oben vom Klavier aus zum besten geben kann. Ringelnatz eröffnet ums Eck in der Schellingstraße 23 das Tabakhaus *Zum Hausdichter*, das bald wieder in Konkurs geht. Nach dem Ersten Weltkrieg wohnt er bis 1930 im Gartenhaus Hohenzollernstraße 31a. Überall ist für ihn »Wunderland«:

> Überall / Überall ist Wunderland.
> Überall ist Leben.
> Bei meiner Tante im Strumpfenband
> Wie irgendwo daneben . . .

Oskar Maria Graf war ein Heimatdichter, der immer ein Emigrant gewesen ist, ganz gleich, ob »daheim« in Berg am Starnberger See, in Wien oder in New York. Grafs Atelier ist ebenso berühmt wie berüchtigt, seine Devise lautet: »Erotik, mehr Erotik, bitte! Hier herrscht Sexualdemokratie, bitte! Auf und los, Höchstentfaltung der Geilheit und Sexualität, bitte!« In seiner Autobiographie *Gelächter von außen* beschreibt Graf seinen Werdegang. Er liest Freunden daraus vor, die dann »huscherlang« sich sprachlos anschauen, bis eine Anni sagt: »Ja, du, das ist ja großartig! – Wo hast du denn das her?« »Ich weiß nicht«, antwortet Graf, »es ist mir einfach so gekommen«, und dann fängt er an, »verwildert zu lachen . . . so krachend«, daß er kaum noch Luft bekommt. Wieder fragt die Anni, nun schon ärgerlich: »Ja, was lachst du denn da –? Das ist doch alles ganz ernst.« Endlich kommt er wieder zur Besinnung: »Ja, kruzifix, ja, kruzifx! Es stimmt! . . . Es stimmt, es kann so weitergehen. – Ist das eine verrückte Sache, das Bücherschreiben! – Es stimmt, juchhe!«

Grafs Einschätzung des historischen Fortschritts ist von

tiefer Skepsis geprägt. In *Das Leben meiner Mutter* zweifelt er daran, ob man das Volk voranbringen kann, aber lieben muß man es. Graf vertraut auf das mütterliche Prinzip, welches etwas Bauendes, Schöpferisches hat, während das ewige Planen, die Ideologien nicht so wichtig sind, wie angenommen wird. Seine Mutter bringt es für ihn auf den Punkt: »Die Schlechtigkeit ist nicht umzubringen (auf der Welt), bloß wir dürfen nicht schlecht sein.«

Von seinem Atelier in der Barer Straße aus muß Graf zwangsläufig auch Hitler des öfteren begegnen: »Frisch rasiert, mit zurechtgestutztem Bärtchen sah sein vulgäres Dutzendgesicht besonders humorlos aus.« In der *Osteria Bavaria*, heute *Osteria Italiana*, Schellingstraße 62, trifft sich Hitler »mit dem mageren Leutnant Rudolf Heß mit seinem fanatischen Lehramtskandidatengesicht«, mit Röhm, »das studentisch zerhackte fettrote Mopsgesicht«, mit dem »bezwickerten kleinäugigen Himmler mit seinem harmlos beflissen aussehenden Bürovorstehergesicht«, die nahezu komplette spätere Reichsregierung auf einen Blick, gegen die ein Göring noch direkt »einnehmend und gut« aussieht. Bis 1923 hat Hitler seinen Stammplatz im *Schellingsalon*, den »Hitlertisch«, bis ihn der Wirt »nimmer kreditierte«, worauf Hitler in jene Osteria ausweicht, die vorher das Stammlokal u. a. von Max Halbe, Josef Ruederer und Lovis Corinth gewesen ist.

Zunächst meint Hitler noch, es könne etwas Völkisches sein, was Graf geschrieben hat, in Grafschen Ohren hört sich das freilich »wie ein fast geschimpftes Wortgeschepper«, was der Mann auf einem zufälligen gemeinsamen Gang daherredet und sagt selber bloß: »Sososo, hmhmhm… interessant, hochinteressant …« Graf hat aber Hunger und schlägt vor, einen Kaffee zu trinken und eine Bauernschmalznudel zu essen, in »einem kleinen Auskochgeschäft, einer Garküche«. Hitler willigt ein. Und schwätzt weiter, von alljüdischer Weltverschwörung, gemeinen Vaterlandsverrätern und deutschen Männern. Und Graf ißt und trinkt und sagt weiter: »Sososo, hmhmhm …«, will aber nicht bezahlen am Schluß, sondern meint, daß es der Hitler tun soll, was Hitler als Unverschämtheit empfindet: »Sie charakterloses Subjekt, Sie! Pfui Teufel …!« Aber da reicht es Oskar Maria Graf endgültig: »Ja, glauben Sie vielleicht, ich hör' mir Ihren Quatsch stundenlang kostenlos an?!« plärrt er – und Hitler zahlt.

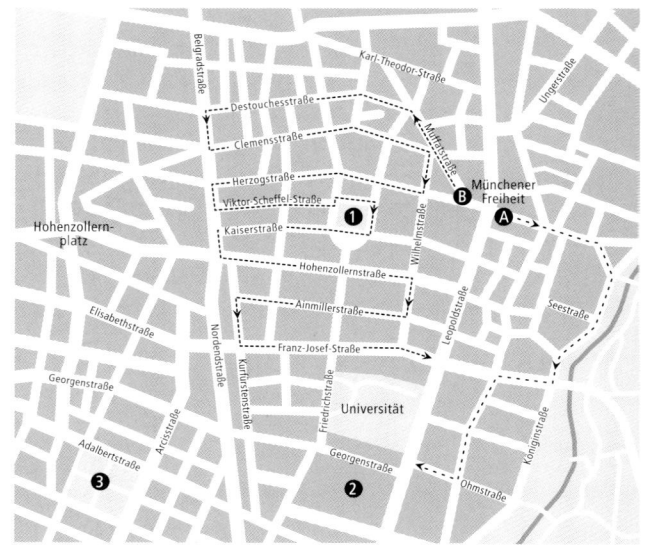

[1] Kaiserplatz [2] Akademie der Bildenden Künste [3] Alter Nördlicher Friedhof

Nach Wahnmoching,
auch Schwabing genannt

[Siebter Spaziergang]

Ehe man sich in den literarisch dichtesten Stadtteil Münchenchens begibt, könnte man sich erst einmal in ein Café- oder Wirtshaus setzen und in den Geist Schwabings eintauchen, der von außerordentlichen Widersprüchen geprägt ist.

Schon bevor Schwabing zum Wahnmoching wurde, ist es ein Eldorado für Querdenker. Der Religionsphilosoph Franz von Baader gehört dazu. Für Erich Mühsam scheint die Entdeckung Schwabings »nicht erst auf den Einzug der Boheme der achtziger Jahre gewartet zu haben, die von dort aus unter Führung Michael Georg Conrads den Sturm durchs Siegestor gegen die Propyläen organisierte, deren Schatten die Villa schützte, wo Paul Heyse in grimmigem Eifer den Hellenismus einer etwas ramponierten Klassizität gegen den Banditismus modernen Geistes verteidigte. Schon vor jenen hundert Jahren, als die Erlesenheit des Münchener Geistes sich in die Verse Königs Ludwig I. und die Wortwitze des Hoftheater-Intendaturrates Moritz Gottlieb Saphir absetzte, suchte sich ein wirklich großer Geist und dabei einer der absonderlichsten Käuze seiner Zeit schon das damals völlig abgelegene Dorf Schwabing zum Wohnsitz aus: das war der Philosoph der Christologie, der Theosoph Franz von Baader, der täglich nach München hineinspazierte, irgendeinen harmlosen Handwerksmann beim Knopf faßte und ihm seine Fragen über das Gottesbewußtsein oder seine mystische Sozietätswissenschaft vorlegte. Der einfache Verstand des von Wissenschaft unbelasteten Gehirns sollte die Gelehrsamkeit des weisen Mannes regulieren. Welche prachtvolle Vorurteilslosigkeit, welch unzünftlerisches Verfahren, welch echte und beste Schwabingerei!«

Von Baaders Person abstrahiert Mühsam den Typus des Schwabingers sui generis: »Jeder Mensch ist ein Eigener: aber wer es zeigt, heißt anderswo ein Sonderling. Schwabing war eine Massensiedlung von Sonderlingen, und darin liegt seine pädagogische Bedeutung. Schwabings auffällige Minderheit bewirkte bei der unauffälligen Mehrheit, daß sie nicht mehr auffiel. Ja, ganz München gewöhnte sich an das Ungewöhnliche, lernte Toleranz und gönnte der Seltsamkeit ihr Lebensrecht.«

Baaders Fortwirken ist in Anbetracht seines geringen Bekanntheitsgrades beim Allgemeinpublikum beträchtlich. Zu seinen bewundernden Rezipienten zählen so unterschiedliche Geister wie Goethe oder Novalis, der Schlegel gegenüber in einem Brief vom 7. November 1798 außer dem Adressaten nur noch Baader gelten läßt, dessen Zauber wieder zusammenbinde, was »des Blödsinns Schwert geteilt«. Auch Hegel, Alexander von Humboldt, Kierkegaard, Rahel von Varnhagen und in unseren Tagen Rudolf Steiner, Ernst Bloch oder Ernst Jünger nehmen Anteil an Baader; bis in den Kreis der Dadaisten – was bei seiner assoziativen Art zu denken, freilich kein Wunder ist – reichen seine Verehrer: Hugo Ball gehört dazu, der ihn als einzigen Philosophen großen Stils feiert, den Deutschland gehabt habe. Walter Benjamin schickt 1934 aus der Not seines Pariser Exils »den Baader«, den er seit 19 Jahren besitzt, nach Jerusalem zu Gershom Scholem: »Möge er in Israel einen noch festeren Standplatz beziehen, sei es in deiner, sei es in der Jerusalemer Bibliothek.« Von Baader leitete der Kunsthistoriker Hans Sedlmayr seinen Begriff der Mitte ab, von dem aus er dann seine berühmt gewordene These vom »Verlust der Mitte« ableitet.

In der Leopoldstraße 82 war der Wohnsitz des Franz von Baader, geboren als Sohn eines herzoglich-bayerischen Leibarztes am 27. März 1765 in München, gestorben am 23. Mai 1841 in seiner Geburtsstadt. Was Hegel für den lutherischen Raum war, ist Baader für den katholischen. In seinem Denken nimmt er Ansätze des mittelalterlichen Mystikers Jakob Böhme auf, seinerseits übt er auf das Spätwerk von Schelling bedeutenden Einfluß aus – er selbst sieht sein Ziel in einer Vereinigung von katholischer Theologie und Kants spekulativer Philosophie. Heraus kommt dabei eine Philosophie, die nie fertig wird, die nie an ein Ende kommt, die nie zum System werden kann. Schelling, seinerseits ein unsystematischer Denker, nennt ihn einen »von Natur aus unterirdischen Menschen«.

Franz von Baader hat freilich schon seine Zeitgenossen zu Beginn des 19. Jahrhunderts in Lager gespalten. Den einen paßte seine sehr persönliche Auslegung des Christentums nicht, den anderen war er gerade wegen angeblicher Orthodoxie verhaßt. Immerhin war er ein Katholik, der sich »gegen die römische Diktatur« empörte, gleichzeitig für die Versammlungsfreiheit der Proletarier eintrat und in Königen »Staatsgefangene« erblickte und in den Reichen »Pensionäre«.

Nicht als Ausbeuter hätte der Mensch auf Erden zu sein, sondern als Freund, Liebhaber und Gemahl, der ihm, wie Franz von Baader sagt, »sakramentalisch« verbundenen Natur; nur dann könne er die Erde als Heimat erleben. Baader geht in seinem Bild noch weiter: »Der Mensch ist mit Erde getauft, so wie der Mensch der bevollmächtigte Täufer der Erde ist.« In seinem Essay *Vom Wärme-stoff* schreibt er: »Liebe ist das allgemeine Band, das alle Wesen im Universum an- und ineinander bindet und ver-webt.«

Es ist eine merkwürdige Mischung, welche Männer mit Namen »Baader« es in München zu Prominenz brachten: Franz Xaver, ein exzentrischer katholischer Theologe, Jo-hannes, das selbsternannte Weltoberhaupt der Dadaisten, und Andreas, Chef einer Terroristenvereinigung. Schwa-bing hat alle drei gesehen. Franz Xaver hat sein Sterbehaus in der Karlstraße 49/Ecke Dachauer Straße; eine Tafel er-innert an ihn. Sein Grab befindet sich auf dem Alten Süd-friedhof.

Ursprünglich ein Dorf außerhalb von München, wird Schwabing zum Brennpunkt künstlerischer und existen-tieller Experimente und verschafft der Stadt für einige Jahr-zehnte Weltgeltung neben anderen Metropolen der Avant-garde. Die große Debatte der Jahrhundertwende dreht sich um die Kontroverse zwischen der Avantgarde und einer sich als konservativ verstehenden Heimatkunst. Wie sehr die beiden aufeinander angewiesen sind und einander be-dürfen, zeigt das Schwabing der Zeit. Die Pole können mit zwei topographischen Begriffen beschrieben werden, mit »Kraglfing«, einem fiktiven Ort aus Ludwig Thomas Er-zählungen, und »Wahnmoching«, dem von Franziska zu Reventlow eingeführten Synonym für Schwabing.

Kraglfing ist ein traditionelles Dorf mit fester Struk-tur, dessen Bewohner sich für den Nabel der Welt halten, aber nicht darüber hinausschauen können, Wahnmoching hingegen ist der abgehobene Treffpunkt avantgardisti-scher weltgewandter Boheme – freilich sind viele Bewoh-ner Wahnmochings aus einem Kraglfing eingewandert und bringen es mit; berühmt waren zum Beispiel die Faschingsbälle der Künstler, die als »Bauernkirta«, als Bauernkirchweih, veranstaltet wurden.

Zwischen 1897, der Erfindung Kraglfings, und 1913, der Erfindung Wahnmochings, liegt die kulturelle Blütezeit Schwabings. Schwabing ist die Synthese von Kraglfing und Wahnmoching. »Hier finden sich Lebensformen, die durch Akzeptanz authentischer Handlungen und durch strikte Ablehnung bürgerlicher Lebensformen im Zustand Schwabing aufgehen. Hier wird die Utopie einer Einheit von Kunst und Leben Wirklichkeit«, so faßt es Helmut Bauer in seinem Beitrag *Kunst und Leben* im Ausstellungskatalog des Münchner Stadtmuseums über die Schwabinger Boheme zusammen.

»Wahnmoching«, so schreibt Franziska zu Reventlow in ihrem Roman *Herrn Dames Aufzeichnungen*, »heißt wohl ein Stadtteil, aber das ist nur ein zufälliger Umstand … Wahnmoching ist eine geistige Bewegung, ein Niveau, eine Richtung, ein Protest, ein neuer Kult oder vielmehr der Versuch, aus uralten Kulturen wieder neue religiöse Möglichkeiten zu gewinnen …« Sie selbst verkörpert eine »erotische Rebellion«. »Eigentlich gehe ich«, schreibt sie 1908 in ihr Tagebuch, »mein Leben lang immer von einer Umarmung in die andere.« Aus Schleswig-Holstein stammend, Tochter eines preußischen Landrats, zeichnet sie sich gleichwohl durch bayerische Widersprüchlichkeit aus: »Mich hat der liebe Gott aus allen Widersprüchen geschaffen, die er übrig hatte … Fühle mich ganz als ich selbst, wenn alles durcheinandergeht, Wehmut, Sehnsucht, tiefe Liebe und frivole Oberflächlichkeiten.«

Sie gilt als »heidnische Madonna« (Klages), als »schleswig-holsteinische Venus« (Panizza), als »Wiedergeburt der

Leopoldstraße mit Siegestor und Feldherrenhalle

antiken Hetäre« (Schuler), doch ist sie ungleich pragmatischer als die »Propheten« um Stefan George und »Tarzan-Philosophen« wie Ludwig Klages. »Was hab ich davon«, fragt sie sich, »wenn ich abends dionysisch herumrase und mir wie ein Halbgott vorkomme, und am nächsten Morgen doch wieder mit der Trambahn ins Bureau fahren muß?« Dennoch fühlt sie sich angezogen von dem wunderlichen Kreis um Stefan George. Über Karl Wolfskehl, einen ihrer Geliebten, schreibt sie, daß er »unermüdlich wundervolle Menschen und fabelhafte Frauen« entdeckt, »die sich zu Mänaden eignen und, wenn er es zu ihnen sagt, auch sofort zu rasen beginnen«. Sie macht ihr Leben zum Kunstwerk. »Ach, es ist gut, wenn einem der moralische Halt so gänzlich fehlt«, seufzt sie erleichtert. Unter ihren Liebhabern befinden sich der Kammerspiel-Intendant Falckenberg, die Dichter Wedekind und Rilke. »Jeden Morgen ein Gedicht in meinem Briefkasten, das gefällt mir«, freut sie sich über Rilkes poetische Anhänglichkeit.

Im Kern sind es also die Jahre um 1900, die den Mythos nicht nur von Wahnmoching stiften, sondern auch von München überhaupt als »Stadt der Jugend«. Architektonischen Ausdruck findet dies zum Beispiel in der Innenstadt durch Richard Riemerschmids feine Blütensprache für die Fassade der Kammerspiele.

Karl Wilhelm Diefenbach gehört zu den Vorläufern dieses Wahnmoching. Mit ihm kommt 1872 einer der ersten der von den Münchnern sogenannten »Kohlrabi-Aposteln« nach München, wegen unbekleideten Sonnenbadens wird er später verhaftet. Von 1885 bis 1891 gibt Conrad die *Zeitschrift für Gesellschaft* heraus, bis 1893 besteht die »Gesellschaft für modernes Leben«. 1890 erscheint Wedekinds

Drama *Frühlings Erwachen* und entfacht unverzüglich gewaltigen Wirbel. Die Gräfin zu Reventlow taucht 1893 in München auf, im selben Jahr gründet Langen seinen Verlag, in dem 1896 der *Simplicissimus* erscheint. Ein Jahr

zuvor sorgte Panizza mit seinem *Liebeskonzil* für einen ähnlichen Skandal wie Wedekinds Stück, sein Autor wandert in die Nervenheilanstalt. 1896 kommt Georg Hirth mit der *Jugend* heraus, einer humoristisch-satirischen Wochenschrift für »Kunst und Leben«, so der Untertitel. 1897 stößt Thoma zum *Simplicissimus*, 1899 kommt Wedekind wegen Majestätsbeleidigung in Haft. Zwischen 1899 und 1902 erscheint die Zeitschrift *Die Insel*. Die *Elf Scharfrichter* beginnen 1901 ihr Programm. 1903 eröffnet Kathi Kobus das Szenelokal *Simplicissimus*. Sechs Wochen Haft sitzt Thoma 1905 ab, im selben Jahr kommt Gustav Gräser nach München. Zwischen 1911 und 1914 gibt Mühsam *Kain. Zeitschrift für Menschlichkeit* heraus.

Große Themen der Zeit sind »Lebensreform« (repräsentiert z. B. durch Diefenbach oder Gräser), »gewaltfreier Anarchismus« (Mühsam), »Sexuelle Rebellion« (Panizza, Otto Gross, zu Reventlow), »Satire und politisches Aufbegehren« (Wedekind, Thoma) und die »Lebenskunst« mit ihren Publikationsorganen *Jugend* und *Die Insel*. Panizza und Otto Gross werden in Nervenheilanstalten eingewiesen, Wedekind, der Verleger Langen und Ludwig Thoma sitzen Haftstrafen ab – alles aus heutiger Sicht unglaubliche Vorgänge, die aber die außerordentliche Brisanz dieser Boheme zeigen. Das waren nicht nur belächelte Randfiguren oder Spinner. Die wilhelminische Gesellschaft, die auch Bayern ihren repressiv autoritären Stempel aufgedrückt hatte, fühlte sich von ihnen in ihrer Substanz bedroht – zu Recht, denn diese Substanz war vollkommen hohl, was ihre tatsächlichen Werte, und erstarrt, was ihre Strukturen zur Aufrechterhaltung dieser Hohlheit betraf.

Die erste Ausgabe des *Simplicissimus* erscheint am 4. April 1896. Damit beginnt die Geschichte eines ungeheuren Erfolgs. Die Auflage steigt auf bis zu 85 000 Exemplare, in Sondernummern über 100 000. Unter den Autoren finden sich Namen wie Knut Hamsun, Thomas und Heinrich Mann, Frank Wedekind, Rainer Maria Rilke, Gustav Meyrink, Kurt Tucholsky, Joachim Ringelnatz, Hermann Bahr, Max Dauthendey, Max Halbe, Ludwig Thoma, bei den Karikaturisten Thomas Theodor Heine, Eduard Thöny, Karl Arnold, Bruno Paul, Olaf Gulbransson. Im Zentrum steht die Kritik an den »Frömmlern und Heuchlern«, vor allem aus dem Kreis von Geistlichkeit und Zentrumspartei, Pfarrern, Staatsanwälten und Richtern und natürlich dem Militär.

In der fünften Ausgabe erscheint erstmals Th. Th. Heines zähnefletschende Bulldogge auf dem Titelblatt. Der Maler Lovis Corinth beschreibt Entstehung und Wirkung: »Das Urbild für dieses Ungeheuer war ein kleiner fetthalsiger und asthmatischer Mops, den Heine einige Zeit besaß. Das ist ein weiterer Beweis dafür, daß am mächtigsten wirkende Gegenstände oft den unansehnlichsten Modellen ihre Entscheidung verdanken.« Th. Th. Heine ist seit April 1896 mit der ersten Nummer beim *Simplicissimus* dabei, auf dessen Titelseite seit 1909, dem Tod Albert Langens, sein Name steht: »Begründet von Albert Langen und Thomas Theodor Heine.« Heine ist seit 1889 in München, seit 1892 Mitglied der »Secession«, Mitarbeiter verschiedener Zeitschriften wie *Fliegende Blätter*, *Pan*, *Insel*.

Die rote Bulldogge wird zum Markenzeichen des *Simplicissimus*, die Mühlen der Justiz helfen mit, unbezahlte Reklame für das Blatt zu machen: Wedekind, Thoma und Heine erfreuen sich besonderer Betreuung, jeweils in Sachen »Majestätsbeleidigung«; der Verleger Albert Langen muß Deutschland nach der »Palästina«-Nummer für fünf Jahre verlassen. Anlaß war die Orientreise von Kaiser Wilhelm II., die ihn über Konstantinopel nach Haifa und Jerusalem führte. Auf dem Titelblatt der Nummer 31 des *Simplicissimus* vom 23. Oktober 1898 wurde dieses Thema von Heine in karikierender Weise ausgebreitet, im Blatt selbst war ein Gedicht von mehreren Strophen abgedruckt, das unter anderem diese an den Kaiser gerichteten Verse enthielt: »Mit Stolz erfüllst du Millionen Christen; / Wie wird von nun an Golgatha sich brüsten, / Das einst vernahm das letzte Wort vom Kreuz / Und heute nun das erste deinerseits.«

Das war zu viel! Als Verfasser firmierte ein Autor namens Hieronymus – gegen ihn, den Zeichner und den Verleger wird Haftbefehl wegen »Majestätsbeleidigung« erlassen. Aus Versehen lüftet der Verleger Langen das Pseudonym, Wedekind tobt. Langen und Wedekind fliehen in die Schweiz (Wedekind während der Premiere seines Stückes *Erdgeist* im Schauspielhaus am 29. Oktober 1898), Heine stellt sich und wird inhaftiert. Dem im *Simplicissimus*-Mitarbeiterteam verbliebenen Thoma vergeht darüber das Spotten nicht: »Wer reist so spät durch Nacht und Wind? / Herr Langen und Herr Wedekind! / So nachts zu reisen ist kein Genuß / Und das kommt vom Hieronymus.« Wedekind kehrt zurück, am 21. September 1899 tritt er seine Strafe auf der Festung Königstein in Sachsen an, Kollege Heine wartet schon auf ihn.

Während Langens Exil vertritt ihn Korfiz Holm, 1900 tritt Ludwig Thoma in die Redaktion ein, auch er bekommt Probleme – wegen seines Gedichtes »An die Sittlichkeitsprediger in Köln am Rheine«, veröffentlicht im *Simplicissimus* vom 25. Oktober 1904 mit einer Zeichnung von Olaf Gulbransson, welche einen dickbäuchigen Geistlichen zeigt, dessen selbstgerecht herausgefressenes Gesicht nicht nur über einen kirchengekrönten Hügel hinausragt, sondern in eine Wolke hinein, die zwei nackerte Engel besetzen, ärschlings zum Zuschauer. In dem Gedicht werden die Herren Sittlichkeitsprediger gefragt: »Was wollen Sie eigentlich von der Liebe / Mit Ih

Leopoldstraße 4

rem Pastoren Kaninchentriebe / Sie multiplizierter Kindererzeuger / Sie gottseliger Bettbesteuger?« Macht sechs Wochen Haft, trotz einer vehementen Verteidigungsrede Ganghofers.

Am besten überstanden hat die Haft wahrscheinlich Ludwig Thoma. Er weiß einen Roman hinter sich und manchen guten Hirsch und Rehbock vor sich, den er noch im selben Jahr zu schießen gedenkt, außerdem raucht er 230 Zigarren in der Zeit, liest von Platon und Homer bis zu Keller und Fontane nur erstklassige Literatur, schließt seine *Lausbubengeschichten* ab und bereitet das Erfolgsstück *Moral* vor. Darüber hinaus nimmt er zehn Pfund ab, weil er jeden Abend nur eine Halbe Bier kriegt.

In der Zeit des Nationalsozialismus wird der *Simplicissimus* nicht nur für Klaus Mann von allen gedruckten Widrigkeiten »der widrigsten eine«. Wohl findet er noch die alten Namen: Gulbransson und Thöny vor allem, aber schon Heine fehlt. Mitte März 1933 distanzieren sich die »Simpl«-Kollegen, u. a. Thöny und Gulbransson, von dem »Juden Heine«, der sie zu einer Haltung provoziert habe, gegen Hitler kritisch vorzugehen. »Degoutante Gesinnungslumpereien« attestiert ihnen Klaus Mann, und: »Was diese Humoristen in München treiben, überschreitet selbst das in Deutschland heute übliche Maß.«

1896, im selben Jahr wie Langen den *Simplicissimus*, startet Georg Hirth mit der *Jugend*, einer humoristisch-satirischen »Wochenschrift für Kunst und Leben«, womit, wie ihr Verleger meint, eigentlich schon alles gesagt ist; Startauflage: 480 000 Exemplare, von denen 479 000 zurückkommen. Im Vergleich der beiden Zeitschriften gibt Max Halbe Hirths Produkt den Vorzug: Sie »ist Ausgangspunkt und Sprungbrett für eine ganze Anzahl junger, lebensfrischer Talente in der Literatur, der Graphik und der Malerei geworden. Das Verdienst, sie entdeckt, gestützt, gefördert zu haben, fällt vor der Nachwelt ungeschmälert

Georg Hirth zu ... Diese wohlbewußte Vielseitigkeit, der Reichtum an künstlerischen und literarischen Physiognomien unterschied eben doch die *Jugend* zu sehr zu ihrem Vorteil von Albert Langens *Simplicissimus*, der sie durch die ebenso bewußte Pflege einer gewissen Einseitigkeit rein künstlerisch vielleicht übertraf.«

Die Leopoldstraße 4 wurde als Wohn- und Verlagshaus der *Insel* von Rudolf Alexander Schröder entworfen; er stattete es mit seinem Freund Heinrich Vogeler für Alfred Heymel aus: »Von erlesenster Schönheit und Eleganz. Graue Seide, rosa Rosen, Mahagoni und Silber, eine Bar: das war ein Milieu für junge Männer, wie es bis dahin im lebensfrohen, aber unluxuriösen München nicht geschaut war.« Die drei Herren galten als die elegantesten Schwabinger, die es je gab. Schröder gründete mit Alfred Heymel und Otto Julius Bierbaum die bibliophile Zeitschrift *Die Insel*, welche die »künstlerisch reinsten Talente« von Hofmannsthal, Liliencron, Heinrich Mann und Robert Walser bis zu Wedekind versammelte. Die Zeitschrift erschien von 1899 bis 1902 und bildet die Basis für das Programm des Insel-Verlages, der die Werke Rilkes, Hofmannsthals und anderer herausbrachte. Am 15. Oktober 1899 erschien die erste Nummer der *Insel*.

In der Pension Beckenbauer, Prinz-Ludwig-Straße 5, gegründet, hatte sie als Zeitschrift kein langes, aber ein intensives Leben. Das Programm war bescheiden formuliert: »Indem wir unseren Veröffentlichungen den Namen Die Insel beilegten, wollten wir nur zu erkennen geben, wie wenig wir geneigt sind, in das jetzt so vielerorts übliche Triumphgeschrei über die glorreichen Resultate irgendwelcher Kunstbestrebungen einzustimmen, und wie sehr wir uns der ungeheuren inneren und äußeren Schwierigkeiten bewußt sind, die sich einer wünschenswerten Entwicklung unseres Kunstlebens in den Weg stellen . . .«

Das Insel-Schiff benutzt sein Gründer Heymel auch als persönliches Briefsiegel: »Ich siegle diesen Brief mit unserem ›Inselzeichen‹ / ein kleines Segelschiff / das alle Getreuen, selbst wenn der Wind ungünstig weht, auf eine Insel bringen soll, wo wie Schröder sagt: schlanke Vögel auf den Bäumen sitzen und singen und viele bunte Blumen stehen, vielleicht giftige, vielleicht nützliche, jedenfalls dem Auge ergötzlich.« Die *Insel* sollte, wie ihr Namensfinder mit dem besten aller Namen, nämlich Bierbaum, meint, eine »Kultur von Inseln und Oasen« errichten, »das einzige, was man heut zu Tage im günstigsten Falle erreichen kann«.

Der Schweizer Autor Robert Walser schreibt in seinem besonderen Stil auch über die *Insel*: »Damals erschien die *Insel*, deren Redaktion in einem Palaste wohnte, wo Bediente umherstanden und sicher hie und da Baronessen verkehrten, was für mich fabelhaft war. Alfred Walter Heymel schien mir das Muster der Eleganz. Rudolf Alexander Schröder war erstens sehr liebenswürdig und spielte zweitens denkbar vornehm Piano.« Walser lernt in München Wedekind, Dauthendey und Otto Julius Bierbaum kennen. In seinem kurzen Text mit dem Titel *München* beschreibt Walser in der ihm eigenen Vermischung von scheinbar Bedeutendem und scheinbar Unbedeutendem sich selbst und seine Begegnung mit dem literarischen München so: »Mit einem Stöckchen in der Hand und einer Mütze auf dem Kopf spazierte ich im Englischen Garten und besuchte Wedekind, den mein karierter Anzug interessierte. Derselbe kostete dreißig Franken. Heute sind Kleidungsstücke wesentlich teurer. Ich lobte meinerseits Wedekinds grünen

Schreibtisch. Der Dichter von *Frühlings Erwachen* bot mir mit feinem Lächeln Zigaretten an.«

Auch mit Kubin wird Walser bekannt, ein Atelierfest beschreibt er so: »Man aß und trank und trieb Kurzweil. Dieser trat als jodelnder Tiroler, jener als degentragender Venezianer auf. Später wurden die Lichter gelöscht und im Dunkel Märchen erzählt. Ich selbst befaßte mich weniger mit Erzählkunst als damit, daß ich mich auf dem Nakken einer Künstlerin im Küssen übte, was sie sich ruhig gefallen ließ. Was sie für einen lieben Blick hatte! Wie das alles hübsch war! Ich anerkenn es fröhlich!«

Carl Muth bringt 1903 die Zeitschrift *Hochland* heraus, welche die »Wiedergeburt der Dichtung aus dem religiösen Erlebnis« bewirken wollte. »Seine Aufgabe soll in erster Linie aufbauend, positiv anregend sein, kritisch erst in zweiter Linie.« Der Titel der Zeitschrift ist programmatisch als Gegenbewegung zur aktuellen Diesseitsbefangenheit zu verstehen: »Angesichts dieser Tatsache gilt es, der bisherigen Tiefenstimmung bewußt und klar eine Höhenstimmung entgegenzustellen, einen idealen Hochlandssinn und Hochlandsgeist auf allen Gebieten, in allem unserm Tun und Denken. Solche Bestrebungen aber wollen wir verdichten in einem einzigen Wort: ›Hochland‹.«

Gedenktafel: Max Halbe

Im Verlag Bachmair erscheint alle zwei Wochen die *Revolution*, und was Revolution ist, definiert Erich Mühsam:

»Tyrannenmord, Etablierung einer Religion, Zerbrechen alter Tafeln (in Konvention und Kunst), Schaffen eines Kunstwerks, der Geschlechtsakt.« Synonyma für Revolution sind ihm »Gott, Leben, Brunst, Rausch, Chaos«. Die logische Schlußfolgerung: »Laßt uns chaotisch sein!«

Die Zeitschrift *Kain* gibt Mühsam selbst heraus, eine *Zeitschrift für Menschlichkeit* seit 1911. Zu ihren Bewunderern gehört Heinrich Mann: »Sie haben jetzt die wertvollste Zeitschrift, die existiert.« Auch Wedekind ist voll des Lobes über die Publikation, Halbe freut sich auf jede neue Nummer.

Ein Vierteljahrhundert leuchtet München auch von diesen Inseln her, dann wird die *Jugend* verkauft und Illustrierte überrunden den *Simplicissimus*.

Rundgänge in Schwabing plant man am besten vom Wedekindplatz aus. Man könnte ihn das Herz eines geistigen Schwabing nennen, denn Wedekind gehört zu den ersten in der langen Reihe skandalerzeugender Akteure, die Schwabing erst zu dem gemacht haben, was es ist. Wedekind war Schauspieler, Brettlkünstler, Kabarettist, Bänkelsänger, Lyriker, Dramatiker, Satiriker – Dichter und Dandy, Trinker und Frauenliebling. 1884 kommt Wedekind als Zwanzigjähriger nach München, unverzüglich greift er zur Gitarre, wird Mitglied der *Elf Scharfrichter*. München erscheint ihm in einem Tagebucheintrag vom 5. Juli 1889 freilich »auf den ersten Blick als das reine Buxtehude«. Von sich selbst bekennt er, ein Traumleben zu führen, »das sich meist auf sexuellem Waldpfade verlor«. Er haßte seine Einsamkeit, brachte es aber nicht über sich, ihr zu entfliehen.

Mit den Szenen in *Frühlings Erwachen* identifiziert er

sich selbst vollkommen. *Frühlings Erwachen* mit dem Untertitel »Eine Kindertragödie«, entstanden 1890/91, Buchausgabe 1891, uraufgeführt in Berlin 1906, wird als »unerhörte Unflätigkeit« angesehen, ist selbstverständlich ein Skandal, wird permanent von der Zensur verfolgt – und in einer abgemilderten Bühnenfassung erst 1912 freigegeben. Auch die Stücke *Erdgeist* (1892) und *Büchse der Pandora* (1902) entspringen jenem sexuellen Milieu, in dem sich Wedekind vornehmlich bewegte. *Lulu* verzehrt Männer »wie Bonbons aus der Tüte«.

1906 heiratet Wedekind die Schauspielerin Tilly Niemann-Newes, die um gut 20 Jahre jünger ist als er, er hat inzwischen 42 Jahre auf dem Buckel, er wird nicht sehr alt werden. Eine Blinddarm-Operation im Nymphenburger Krankenhaus führt mit ihren Folgeerscheinungen immer wieder zu Komplikationen, dreieinhalb Jahre später wird er zum zweiten Mal operiert, sieben Tage darauf, am 9. März 1918, stirbt Frank Wedekind.

Der Wedekindplatz erinnert mit dem Brunnen und den ersten Versen des Liedes »König Nicolo oder So ist das Leben« (1902) an den Dichter:

> Seltsam sind des Glückes Launen,
> wie kein Hirn sie noch ersann,
> Daß ich meist vor lauter Staunen
> Lachen nicht noch weinen kann!

> Aber freilich steht auf festen
> Füßen selbst der Himmel kaum,
> Drum schlägt auch der Mensch am besten
> Täglich seinen Purzelbaum.

Wem die Beine noch geschmeidig,
Noch die Arme schmiegsam sind,
Den stimmt Unheil auch so freudig,
Daß er's innig liebgewinnt!

Nach Wohnungen in der Theresienstraße 5, Türkenstraße 49 und Wilhelmstraße 2 ist die Wohnung in der Martiusstraße 6 für Max Halbe seine letzte. Kurz vor seinem Tod erlebt er noch einmal eine Neuinszenierung seiner *Jugend* in den Kammerspielen. Halbe ist zufrieden mit seinem Leben: »Das hat sich ja wohl erfüllt, und ich habe alle Ursache, dem Schicksal dankbar dafür zu sein.« Inzwischen gehört Halbe zu den Vergessenen. Damals wirkte er außerordentlich zentrierend auf die Szene. Es gibt ein Photo aus seiner guten Stube, das in sehr aufgeräumter Stimmung die Herren Mühsam, Bachmair, Ringelnatz und Rolf von Hoerschelmann – man denkt es nicht, bei dem anarchistischen Hintergrund der Versammelten – tatsächlich um einen lamettabehängten Christbaum gruppiert zeigt. Legendär war auch die Kegelgesellschaft, die Halbe regelmäßig ausrichten ließ, bei der man, wie Mühsam notiert, mit »Dichtern und Denkern, Malern und Sängern, Schauspielern und Lebenszigeunern« zusammentraf.

Den Erfolg seines Liebesdramas *Jugend* (1893) führt Halbe selbst auf die Überwindung eines Naturalismus zurück, der »nur mehr Düsternis, Armut, Kellerdasein, kurz eine Arme Leute-Malerei« zum Gegenstand hat. Das Drama ist seiner Ansicht nach von einem »lyrischen Naturalismus« geprägt, es bleibt sein größter Erfolg, bis zum Ende des Zweiten Weltkrieges gehört es zu den meistgespielten Stücken. Es gibt der Zeitschrift und damit der Epoche den Namen, sein Autor aber ist weitgehend vergessen.

Thomas Mann hatte zahlreiche Wohnungen. Nach seiner Ankunft in München zieht er zunächst zu seiner Mutter in die Rambergstraße 2. Nach etwas unsicheren beruflichen Tastversuchen und Italienreisen riskiert er 1898 einen Neuanfang in München, schreibt an den *Buddenbrooks*, wird Lektor und Redakteur des *Simplicissimus* und schickt im Juli 1900 den Roman an den S. Fischer Verlag. Er wird seinen Weltruhm begründen und ihm 1929 den Nobelpreis einbringen. Die Gedenktafel zur Erinnerung an die Arbeit an den *Buddenbrooks* gehört allerdings nicht, wie auf private Initiative hin angebracht, an die Giselastraße 15, (in der Thomas Mann vom 1. bis 30. September 1902 wohnte, in der *Pension Gisela*, in der auch Adrian Leverkühn aus *Doktor Faustus* Logis nimmt,) sondern an die Feilitzschstraße 32 (damals Nummer 5).

In der Figur des Alois Permaneder, »Hopfenhändler, Junggeselle und in gesetzten Jahren«, dem zweiten Mann der Tony Buddenbrook, karikiert Thomas Mann einen Urtyp des bayerischen Menschen: »Kurzgliedrig und beleibt, trug er einen weit offenstehenden Rock aus braunem Loden, eine helle und geblümte Weste, die in weicher Wölbung seinen Bauch bedeckte und auf der eine goldene Uhrkette mit einem wahren Bukett, einer ganzen Sammlung von Anhängseln aus Horn, Knochen, Silber und Korallen prangte …« Thomas Mann fügt noch weitere Spezifika hinzu: »Der hellblonde, spärliche, fransenartig den Mund überhängende Schnurrbart gab dem kugelrunden Kopfe mit seiner gedrungenen Nase und seinem ziemlich dünnen und unfrisierten Haar etwas Seehundartiges … Die Wangen waren außerordentlich dick, fett, aufgetrieben und gleichsam hinaufgeschoben zu den Augen, die sie zu zwei ganz schmalen hellblauen Ritzen zusammenpreßten und in deren Winkeln sie Fältchen bildeten. Dies gab dem solcherart verquollenen Gesicht einen Mischausdruck von Ergrimmtheit und biederer, unbeholfener, rührender Gutmütigkeit.« Tonys Bruder Thomas Buddenbrook bringt das auf diesen einen Nenner: »Ja, lieber Gott, das ist süddeutsch!«

Permaneder ist der absolute Gegenpol seiner aus Lübeck stammenden Frau, die ihre liebe Mühe und Not hat, »daß es in diesem Leben nicht darauf ankommt, wie etwas ausgesprochen und ausgedrückt wird, sondern wie es im Herzen gemeint und empfunden ist«. Auch seine charakterlichen Fähigkeiten sind entsprechend. Die Ehe hält nicht lange. Nach ihrer Rückkehr nach Lübeck charakterisiert Tony ihren Ex-Mann als einen, »der statt des Blutes einen dickflüssigen Malz- und Hopfenbrei in den Adern hat« und der sie »in einem ungebildeten Bierdialekt beschimpft«. Von der Sorte gibt es freilich mehr in München, diese Leute sind für Tony »ohne Würde, Moral, Ehrgeiz, Vornehmheit und Strenge ... unsoigniert, unhöflich und salopp«. Ihr Bruder Thomas teilt diese Verallgemeinerung: »Es ist gar nicht der Mann. Es ist die Stadt ... Es ist das Ganze überhaupt.«

Die Kaulbachstraße ist eine Parallelstraße zur Leopold- bzw. Ludwigstraße mit starker Präsenz literarischer Adressen; in ihr wohnten u. a. Brecht, Dauthendey, Gumppenberg, Hesse, Hessel, R. Huch, Klabund, Mitglieder des Kreisauer Kreises, Marietta, Lotte Pritzel, die Gräfin zu Reventlow; auch die Redaktion des *Simplicissimus* befand sich hier. Vormals Gartenstraße, wurde sie nach Friedrich August von Kaulbach benannt. Neben Lenbach ist er der zweite Malerfürst, der die Schönen und die Reichen und vor allem die Großen und die Hohen gegen ebenso fürstliche Honorare porträtierte. Zu seiner Kundschaft gehörten der Prinzregent Luitpold von Bayern, Kaiser Wilhelm II. und William Rockefeller.

In der Kaulbachstraße 31 a trafen sich Mitglieder der Widerstandsgruppe *Kreisauer Kreis*, u. a. Augustinus Rösch, Rupert Mayer, Lothar König, Alfred Delp – auch Helmuth Graf von Moltke war hier. Sie befaßten sich während der Zeit des Nationalsozialismus mit Plänen für eine politische und gesellschaftliche Neuordnung für die Zeit nach dem von ihnen erwarteten Zusammenbruch der Diktatur Hitlers. Eine Gedenktafel weist darauf hin: »Alle riskierten ihr Leben, viele verloren es.«

Vor dem Eingang zur Katholischen Akademie im Kardinal-Wendel-Haus Ecke Mandlstraße/Gunezrainerstraße steht einer der zwei Portallöwen des ehemaligen Wittelsbacher Palais in der Brienner Straße, nachmaliger Sitz des Revolutionären Zentralrats und zuletzt Gestapozentrale, weshalb er jetzt an den von den Nazis hingerichteten Autor, Chefredakteur der *Münchner Neuesten Nachrichten* und Herausgeber der Zeitschrift *Der gerade Weg*, Fritz Gerlich erinnert.

Im Besitz der Akademie befindet sich auch das Schloß Suresnes, ein 1718 erbautes Lustschlößchen des adligen Kabinettssekretärs von Kurfürst Wilhelm, wo in dessen wechselvoller Geschichte Paul Klee sein letztes Münchner Atelier hatte, das Malerehepaar Lech den steckbrieflich gesuchten Ernst Toller bis zu seiner Verhaftung versteckt hielt und jetzt die Privatbibliothek Romano Guardinis mit etwa 5000 Bänden untergebracht ist.

In der Mandlstraße 8 (damals Nummer 3) wohnte der Verleger des *Simplicissimus* und des *März* Albert Langen. Alfred Kubin hauste, umgeben von Äffchen, Haselmäusen, Reptilien und anderem Getier, von 1904 bis 1906 in der

Mandlstraße 26, im Haus Nummer 28 wohnte Willi Graf, Mitglied der *Weißen Rose* – an beide erinnert eine Gedenktafel.

Die Leopoldstraße verlängert die Ludwigstraße nach Norden und ist die Hauptachse von Schwabing. In den 60er und auch noch 70er Jahren war sie der Schauplatz all der Gammler, Hippies und aufmüpfigen Studenten, aber immer auch schon der sogenannten Adabeis, Schickimikkis und anderer Mitglieder der Münchner Bussi-Bussi-Gesellschaft. Die tatsächlichen Aussteiger indes haben eine lange Tradition in dieser Straße.

Auch Gusto Gräser gehörte zu der Vielzahl gewaltfreier, friedliebender Anarchisten in München, die so gar nichts mit Terroristen zu tun haben. Ein Weiser, Heiliger, Spinner und Narr, von Hauptberuf Mensch, er nennt sich Gras, weil es ihn nur einmal auf der Welt gibt und verteilt Grashalme als Visitenkarten. Geboren ist Gräser 1879 im seinerzeit österreich-ungarischen Kronstadt, zeitlebens hat er wie Diefenbach, den er natürlich kannte, etwas Mönchisches, Prophetenhaftes, Menschheitserweckendes an sich, das sich auch in seinem Äußeren, dem langen Haupt- und Barthaar, der sackähnlichen Kleidung niederschlägt. Selbstverständlich liegt er auch zeitlebens mit der Welt der Behörden im Hader, unter anderem wegen Kriegsdienstverweigerung, wofür ihm gar die Erschießung angedroht wird.

In der Leopoldstraße 59 erinnert eine Tafel an Heinrich Mann, der von 1916 bis 1928 hier lebte. Weshalb er sich weitaus weniger als sein Bruder Thomas mit den Geschikken der Stadt verbindet, liegt daran, daß er mehr oder weniger immer auf der Durchreise ist. In Sinsheimers *Buch von München. Was nicht im Baedeker steht* (1928) wird seine Nichtanwesenheit in dieser Stadt so dargestellt: »Als seltener Fall von Nicht-mimikry in München biologisch sehr interessant, weil ganz vereinzelt. Sicher vor Titeln, Fackelzügen und anderen offiziellen Auszeichnungen. Hüter der demographischen Schwelle. Lebt fern von Biographien und Anekdoten, also unergiebig.«

Heinrich Mann gilt als eingeschworener Gegner bürgerlicher Moral, sowohl in seinen Schriften als auch in seiner persönlichen Lebensführung. Im Verhältnis zu seinem Bruder Thomas kommt es immer wieder zu Phasen starker Entfremdung. Zur Verleihung des Nobelpreises aber hält Heinrich im Alten Rathaussaal seinem Bruder eine bewegende Rede, Viktor Mann gibt den Vorgang so wieder:

»Lieber Bruder, sagte Heinrich mit so ruhiger, unrednerischer Stimme, als wären wir ganz unter uns, als wir Kinder waren, da bauten unsere lieben Eltern, wenn einer von uns beiden Geburtstag hatte, dem anderen einen zweiten kleinen Gabentisch auf, um auch ihn in Festfreude zu versetzen. Das ist heute freilich nicht mehr nötig. Freuden und Ehrungen, die dir zuteil werden, sind Freuden und Ehrungen genau so für mich und uns alle. Und so nimm meine Glückwünsche. Im prasselnden Beifall schritt Thomas um die lange Tafel herum auf den Bruder zu. Fast lief er, und seine Augen waren naß.«

Viktor Mann hört vom »Ende des Bruderzwists« munkeln, doch weiß er es besser: der Zwist, der in Wahrheit eine Trennung war, war längst vorbei.

In der *Gaststätte Leopold* in der Leopoldstraße 50 hat Karl Valentin bei Papa Benz seinen ersten Auftrittsort, an den eine Gedenktafel erinnert: »In diesem Haus war von 1900-1939 das Kabarett- und Künstlerlokal Papa Benz.« Der *Simplicissimus*-Zeichner Karl Arnold hält die Begegnung in einer Karikatur fest, in der ein zaundürrer baumlanger Valentin einen Papa Benz, der, wie man in Bayern sagt, mehr breit ist als hoch, ums Doppelte überragt. Doch Papa Benz, die Hände in einer Hose vergraben, die kaum den unglaublich fetten Wanst zu umgürten vermag, freut sich göttlich königlich in sein Doppelkinn hinein. Das Lokal bewahrt auch das Gedächtnis an Erich Kästner mit einem »Kästner-Stammtisch«, einem »Kästner-Schreibtisch« und einem »Kästner-Stüberl«.

Von der Münchner Freiheit aus geht es durch die Herzogstraße gleich ums Eck in die Wilhelmstraße. Aus der Wilhelmstraße geht es bezeichnenderweise über den Mühsam- und den Tollerplatz zur Destouchesstraße, in deren Haus mit der Nummer 1, im vierten Stock, ist die Adresse eines Kosmikers aus dem George-Kreis, Ludwig Derleth mit Namen. Mit Kristian Bäthes Beschreibung aus seinem Buch *Wer wohnte wo in Schwabing* kann man noch heute zu der Dachkammer des Propheten Derleth hinaufsteigen. Das Haus liegt an der Mündung der Destouchesstraße in die Siegfriedstraße, im Rücken liegt »der wuchtige Bergfried des Alten Realgymnasiums«, der inzwischen das Max- und das Oskar-von-Miller-Gymnasium beherbergt, es ist ein »graues, unscheinbares Haus, dessen Pilaster den Blick auf ein Atelier führen unter einem flachwinkeligen Giebel. Dort oben, hinter diesen Scheiben, wurden in der Karwoche 1904 auf einem napoleonischen Adlertisch die ›Proklamationen‹ Ludwig Derleths, des Jesus Bonaparte, verlesen: christliche Befehle, nicht Literatur, sondern Herausschreiungen, die die Philosophie Nietzsches in ein dionysisches Christentum umkehren. Wenn man durch das dunkle Treppenhaus nach oben steigt, über dieselben finsteren Stufen, über die einst Stefan George, Ludwig Klages und Thomas Mann . . . geschritten waren, und dann plötzlich unter einem Glasdach in Licht getaucht wird, so möchte man beinahe an himmlische Eingebungen glauben. Das hat nichts mit der modernen Glasarchitektur zu tun, die die Plastizität des Lichtes auflöst.«

Ungeheure *Proklamationen* schreibt 1903 dieser Mann, da spricht ein Nietzsche auf dem Boden des Christentums: »JESUS MARIA / Ich wachte und erschienen mir drei Zeichen: / Der Blitz, der Adler und der Stern. / Ich, Ludwig Derleth, bin allein und habe alle verbündet / gegen mich und erkläre im Namen Jesus von Nazareth den Krieg ...« Franziska zu Reventlow faßt die Proklamationen so zusammen: »Warte Schwabing, Schwabing warte: / Dich holt Jesus Bonaparte«, und Viktor Mann hört ohnehin statt »Kosmiker« immer nur »Komiker«. Thomas Mann greift im *Doktor Faustus* 1947 noch einmal Stellen aus den *Proklamationen* auf: »Ich, Ludwig Derleth, bin allein und habe alle verbündet gegen mich und erkläre im Namen Jesus von Nazareth den Krieg«, solche Sätze werden vom Erzähler Serenus Zeitblom als der »steilste ästhetische Unfug« bezeichnet.

Thomas Mann distanziert sich von der Boheme, sein Weg ist ein anderer. 1904 lernt er Katia Pringsheim kennen, sein Weg ins Großbürgertum ist vorgezeichnet:

»Glanz umgibt mich. Nichts gleicht meinem Glücke. Ich habe eine außerordentlich schöne junge Frau ..., bin Herr einer großen Wohnung in feinster Lage mit elektrischem Licht und allem Komfort der Neuzeit ausgestattet. Mein Hausstand ist reich bestellt, ich befehle drei Dienstmädchen und einem schottischen Schäferhund, ich speise schon zum Morgentee Zuckerbrötchen und trage fast ausschließlich Lackstiefel. Ich erscheine im Frack und die Leute klatschen in die Hände, wenn ich nur auftrete.«

In seiner Wohnung in der Clemensstraße 76 wird der Autor und Filmemacher Rainer Werner Fassbinder im Alter von 36 Jahren tot aufgefunden. Im zwölften Spaziergang entlang der Isar ist ein kurzer Abschnitt über sein Leben nachzulesen.

Ein paar Häuser weiter, in der Clemensstraße 84/III, lebte ein anderer Hasardeur menschlicher Existenz; er nannte sich Ret Marut. Zwischen September 1917 und Dezember 1921 gibt er die Zeitschrift *Der Ziegelbrenner* heraus, die von Format und glühendrotem Einband her tatsächlich einem Ziegelstein ähnelt. Das Blatt richtet sich gegen Staat, Militarismus, Kirche und die bürgerliche Presse – Untertitel: »Kritik an Zuständen und an widerwärtigen Zeitgenossen« mit dem Zusatz: »Erscheint zwanglos wie manche Zustände und viele peinliche Zeitgenossen auch.« Außerdem tragen die Hefte die Notiz: »Besuche wolle man unterlassen, es ist nie Jemand anzutreffen. Fernsprecher haben wir nicht.« In der Nummer vom 15. Januar 1917 artikuliert sich die selbstgestellte Aufgabe des *Ziegelbrenner*, nämlich im wesentlichen zwei Dinge vor dem Untergang zu bewahren: »1. Die Idee, daß der Mensch mehr wert ist als der Staat, darf nicht verlorengehen. 2. Wer nicht lügen will, braucht nicht zu lügen. Man kann alles sagen, selbst die Wahrheit, wenn man die Wahrheit über das persönliche Wohlbefinden stellt.«

Am 30. Januar 1919 verkündet Marut den Beginn der Weltrevolution: »Halloh, ihr Menschen! Halloh, ihr Männer und Frauen der Revolution! Halloh! Grüß Euch alle, Ihr Brüder der kommenden Welt-Republik! Grüß Euch, Ihr Menschen des heiligen Weltbürgertums, das auf dem Wege ist! Halloh, ihr Menschen, halloh!« Das Heft vom 3. Dezember 1919 berichtet von seiner Verhaftung und

136

Flucht, markig gibt Ret Marut bekannt: »Von den dreien: Staat, Regierung und Ich, bin Ich der Stärkste. Das merkt Euch!«

Der Grund der Verfolgung liegt in Maruts Leitung der Presseabteilung des Zentralrates während der Räterepublik, nach deren Zusammenschlagung er als B. Traven in Mexiko lebt – seine Witwe in Mexiko bestätigt 1969 dieses lang gehütete Geheimnis und beendet damit auch alle Gerüchte und Spekulationen um Travens vielschichtige polypersonale Gestalt: »Der Schriftsteller B. Traven und der deutsche Schriftsteller, Schauspieler und Revolutionär Ret Marut ist ein und dieselbe Person.«

Eine südliche Parallelstraße der Clemensstraße ist die Kaiserstraße. Lenin verfaßt in München die Programmschrift *Was tun?* (1901) und läßt die Zeitschriften *Iskra* und *Sarja* drucken; seine Wohnungen hatte er in der Siegfriedstraße 14, Ecke Clemensstraße beim Privatier Josef Filser, der akkurat so heißt wie der Held von Ludwig Thomas sprichwörtlichen Filser-Briefen aus dem *Briefwechsel eines bayer. Landtagsabgeordneten* (1909), und beim Gastwirt Rittmeyer, dessen Gaststätte als Schwabinger Sektionslokal der SPD diente, in der Kaiserstraße 46, an der von 1968 bis 1970 ein Halbrelief und eine Gedenktafel hingen, die aber heruntergesprengt wurden, so daß man jetzt eben nicht mehr lesen kann: »In diesem Hause lebte vom Sept. 1900 bis April 1901 Wladimir Iljitsch Uljanow Lenin, der Gründer des Sowjetstaates.«

München fehlt es nicht an Revolutionären, vor allem in der Kaiserstraße nicht. Der polnische Nationalheld Julian Marchlewski wohnte hier, und Alexander Parvus, der von hier aus 1905 zur Revolution nach Petersburg eilt, um mit Trotzki den Arbeiterrat zu leiten. 1904 lebt für einige Monate auch Leo Trotzki in München, die er als »die demokratischste und künstlerischste Stadt Deutschlands« bezeichnet.

Einen erstaunlichen Bogen von dem verhinderten Künstler Hitler über diese Revolutionäre bis zu Väterchen Timofej schlägt Friedhelm Gröteke in der *Deutschen Zeitung* vom 16. Februar 1961. Er beginnt mit einem Verdikt des »Anstreichers«, wie Brecht Adolf Hitler nannte: »Politisch gesehen muß ich die Schwabinger Künstler ablehnen. Sie haben zuwenig Disziplin. Eine derartige Lebensauffassung mag den Künstlerlokalen in Schwabing das Profil geben, sie darf aber nicht Gemeingut des deutschen Volkes werden.« Lakonisch vermerkt Gröteke:

»Dieser Ausspruch stammt von einem Maler, der Politiker wurde. Fünfunddreißig Jahre, nachdem er seine Schwabinger Untermiete verlassen hatte, um dem Deutschen Volke zu einem ›Dritten Reich‹ zu verhelfen, liegen zum erstenmal in der Geschichte Schwabings einige Berge vor diesem nördlichen Münchner Vorort, aufgeschichtet aus den Trümmern eben jenes Reiches. Am Fuße des größten dieser Schwabinger Hügel steht eine selbstgebastelte winzige orthodoxe Kapelle. Wer sich die Mühe macht, über verfallene Wege durch ein halb ausgehängtes Tor dorthinein zu gelangen, der sieht zuweilen einen uralten, bärtigen Popen und ein verhutzeltes Weiblein. In schwermütigen Kirchenliedern entfaltet sich dort jene russische Heimat, in der die Ideen des Wladimir Iljitsch Lenin, ehemals Genosse Meyer, München-Schwabing, Kaiserstraße, größeren Anklang gefunden hatten.«

Südlich der Kaiserstraße wiederum liegt die Ainmillerstraße. In der Nummer 7 wohnte Marieluise Fleißer zur Untermiete. Ihr Leben schildert sie so: Der Bruder Heinrich, auffallend gescheit, stirbt mit zwei Jahren an der Englischen Krankheit. Die Mutter kann sich vor Schmerz über seinen Tod nicht fassen. Der Vater tröstet sie: »Sei still, ich mache dir wieder einen neuen Buben.« Das wird dann die Fleißer.

»Von der Seite sieht sie aus wie ein Mann«, heißt es von der Olga in dem Stück *Fegefeuer in Ingolstadt*; es geht nicht gut aus zwischen Mann und Frau bei der Fleißer. Die Beziehung zwischen Berta und Karl in den *Pionieren in Ingolstadt* wird von Dialogen dieser Art gekennzeichnet. »Ich bin nicht wie die anderen«, sagt Berta, doch antwortet Karl: »Ich bin wie alle anderen.« Vor allem ist er wie alle Männer, sagt das aber auch: »Wenn ein Mädel nicht zieht, tu ich nicht lang.« Am Ende zieht sie dann doch, muß aber feststellen: »Wir haben was Wichtiges ausgelassen. Das Lieben haben wir ausgelassen.« Karl findet das nicht: »Eine Liebe muß keine dabei sein.«

Fleißer studiert 1919 in München Theaterwissenschaften, zur selben Zeit, in der auch Horváth an der Universität ist. Feuchtwanger trifft sie auf einem Künstlerfasching; Bruno Frank ist sie auf der Schulter gesessen, dieser stellt sie Feuchtwanger vor: »Lion, das ist die schönste Frau mit dem schönsten Busen Mitteleuropas.« Sie hat selbst das Gefühl, daß sie als junges Mädchen gut ausgeschaut hat.

Der 1875 in Prag geborene Rilke kommt im Herbst 1896 zum Studium nach München. Nach ausgedehnten Reisen und Aufenthalten wie in Duino in der Nähe von Triest hält sich Rilke auch später wieder in München auf, zwischen 1913 und 1919, zunächst im Hotel Marienbad in der Barer Straße 11, davon 1915 bis 1917 in der Keferstraße 11 (heute Nummer 2), dann in der Ainmillerstraße 34 (Gedenktafel) als Nachbar Paul Klees.

An Stelle des Studiums wird ihm in München »die Wendung ins eigentlich Eigene« zuteil: durch Lou Andreas-Salomé. Lou Andreas-Salomé ihrerseits kommt mit ihrer Freundin Frieda von Bülow aus Berlin in die Schellingstraße, Rilke ersucht um eine Audienz bei der »berühmten Schriftstellerin«, die er als Verfasserin eines Buches über Nietzsche kennt – und er bekommt sie, am 12. Mai 1897.

Ainmillerstraße 34:
Rilke-Gedenktafel

Erotische und spirituelle Erfahrungen gehen bei Rilke eine Einheit ein. Sein Gott ist kein jenseitiger, sondern ein diesseitiger, kein Gott, der unerreichbar weit weg in irgendeinem nicht bekannten Himmel existiert, sondern ein Gott auf Erden. Gott offenbart sich Rilke in der Liebe zwischen den Menschen, so wie Gott die Urkraft des ganzen Universums ist, welche eben nur aus Liebe entstehen kann und in Liebe fortbestehen. In den *Duineser Elegien* (1923) wendet Rilke sich an die Engel. Er richtet sich an die »Verwöhnten der Schöpfung«, denen er das Große, Reine, Stille widmen wollte. »Wer, wenn ich schriee, hörte mich denn aus der Engel Ordnungen?« – das ist der erste Vers. Einen Teil der *Duineser Elegien*, die er unweit von Triest auf Schloß Duino begonnen hat, schreibt Rilke in der Ainmillerstraße in München weiter – so gesehen sind es auch Ainmiller Elegien.

Bis zur Zerschlagung der Räterepublik im Mai 1919,

mit der Rilke sympathisiert, hält er sich vornehmlich in München auf. Eines Morgens um fünf Uhr schlagen Kolben und Kommißstiefel bei Rilke an die Tür; er sei ein Bolschewist. Dieses Ereignis hat ihn aus München und sogar aus Deutschland vertrieben.

Den südlichen Abschluß der Wahnmoching-Spaziergänge bildet die Franz-Joseph-Straße. An die erste gemeinsame Wohnung des Ehepaares Katia und Thomas Mann erinnert eine Tafel an der Franz-Joseph-Straße 2.

In der Franz-Joseph-Straße 9 a wohnt vom Frühjahr bis Herbst 1958 Ingeborg Bachmann. Sie arbeitet in dieser Zeit als Dramaturgin am Bayerischen Rundfunk, zusammen mit Clemens Münster, dem späteren Mitherausgeber ihrer Werke, mit dem Komponisten Hans-Werner Henze und dem Piper-Lektor Reinhard Baumgart. Es gibt Zusammentreffen mit Paul Celan und Max Frisch. Im Haus Nummer 31 wohnt Carl Muth, Herausgeber der katholischen Zeitschrift *Hochland* (1903-1941). Bei Muth lernt Hans Scholl auch Werner Bergengruen kennen, dessen Buch *Der Großtyrann und das Gericht* in regimekritischen Kreisen als verschlüsselter Angriff auf Hitler verstanden wird. Bergengruen schreibt aber nicht nur, er handelt auch, tippt Flugblätter ab und verteilt sie in Briefkästen.

Römerstraße 16:
Wolfskehl-Gedenktafel

Stefan George war häufig zu Gast bei Karl Wolfskehl in der Römerstraße 16 und wohnt bei seinen Aufenthalten vor dem Ersten Weltkrieg unter dem Dach des Hauses. Das Giebelfenster mit dem kleinen Balkon gehört zum »Kugelzimmer«, benannt nach einer seinerzeit eigentümlichen Lampenform, die aber im Prinzip nichts anderes war als eine einfache Milchglaskugel, wie sie später vollkommen gebräuchlich geworden ist. Für die Kosmiker aber galt sie als Abbild von Sonne, Kosmos, von Mitte und Runde.

»Wolfskehl kam hinauf ins Kugelzimmer, das für seine mächtige Gestalt fast zu eng und zu niedrig war. Dort fehlte ihm Raum zum Ausschreiten im Gespräch; so mußte er stehend, oder halb liegend auf der Bank vorbringen, was heraus wollte. Er nannte George beim Vornamen und fing leise an zu sprechen, mit etwas Flehendem, Gewinnendem im Ton aber andringend. Es war, als ob die Worte sich ihm überstürzten, als ob er nicht rasch genug die richtige Silbe finden könnte, auszusprechen, was in seinem rastlosen Geist in eben diesem Augenblick aus Erfahrung und Wissen und Witterung zusammenschoß und zum Ausgang drängte«, so berichtet es nach zeitgenössischen Quellen Kristian Bäthe.

Der Lyriker, Essayist und Übersetzer Karl Wolfskehl galt als der »Zeus von Schwabing«, George hingegen erhielt von Theodor Lessing in Analogie zur ältesten Brauerei der Welt, Weihenstephan in Freising, den Spitznamen »Weihestephan«; andere Quellen nennen die zu Reventlow als geistige Urheberin der Satire. Wolfskehls und Georges Ziel ist die Neugestaltung des gesamten Lebens, eine »Renaissance des Heidnischen«. George tritt als Dante auf, Wolfskehl als Homer – gelacht wird eher weniger, sie nennen sich die »Enormen«. Zum engeren Kreis gehörten Alfred Schuler, der von seinen Freunden in Cäsarentracht bestattet wurde – auf dem Sarg stand »Ultima Lux« –, und Ludwig Klages.

So sehr man sich in der Boheme zwar einig ist in der

Antihaltung gegen jede Art von bürgerlichem Lebensstil, ist sie doch durchaus kein einheitliches Gebilde, im Gegenteil. Fürchterliche Streitigkeiten und Feindschaften durchziehen ihre Geschichte, etwa das heftige Zerwürfnis innerhalb des George-Kreises, bekannt geworden als der »große Schwabinger Krach« zwischen Schuler und Klages einerseits und George und Wolfskehl andererseits. Schuler und Klages wenden sich gegen den »Zionisten« Wolfskehl, Schuler greift zum Swastika-Symbol, dem Hakenkreuz.

Wolfskehl hat Figaro übersetzt. Und Minnelieder. Und ist für die bairische Sprache eingetreten. Und ist Geliebter der Gräfin von Wahnmoching, Franziska zu Reventlow, gewesen. Und muß sein Land verlassen wie Graf. Und schreibt 1939: »Wußtet Ihr, was ich weiß« und schreibt: »Weh alle Zeit Ihr allein! Stimm Du für Den! Tau Du für Den!« Und findet seinen Tod in Neuseeland. Selbst im neuseeländischen Exil hält er am »Geistmünchen« fest. Er stirbt 1948, erblindet. Sein Grab hat er in Auckland, Neuseeland, im Schatten eines Baumes, eine glatte Steinplatte mit hebräischer Inschrift und mit deutscher: KARL WOLFSKEHL EXUL POETA.

In der Bauerstraße 40 ist die letzte Wohnung der Lena Christ, in der sie mit Peter Benedix ihren Selbstmord plante. Von dort aus schreibt sie am 29. Juni 1920 ihren Abschiedsbrief an Ludwig Thoma: »Sehr verehrter Herr Doktor, wenn Sie diese Zeilen lesen, bin ich nicht mehr am Leben. Ich habe meinen Fehltritt freiwillig mit dem Opfer meines Lebens gesühnt, damit die Ehre meiner Kinder bewahrt bleibt. Bitte behalten Sie die Frau, die gleich Ihnen Bauerntum studierte, liebte, und beschrieb, ein gutes Andenken ... Leben Sie wohl, verehrter Gönner! Ihre unglückliche Lena Christ.«

Der Fehltritt besteht in der Fälschung eines Kunstwerks. Sie verläßt am frühen Morgen Wohnung und Kinder, die am Fenster stehen und ihr nachwinken. »Unterwegs«, schreibt ihr Biograph Günter Göpfert, »hatte sie noch einmal Zeit, über alles nachzudenken und sich auch mit ihrem Herrgott auseinanderzusetzen, ... und der hatte ihr gesagt, daß es gut so sei.« Mit der Trambahn Nummer 6 fährt sie bis zum Harras, geht von da aus zu Fuß zum Waldfriedhof, wo sie dann für immer bleiben wird, denn auf dem Grab ihres Geliebten nimmt sie das Gift, an dem sie stirbt. Ein paar Sektionen weiter bekommt sie ihr Grab, nicht weit weg von Wedekind, von Bierbaum, von Heyse. Eine Gedenktafel für Lena Christ befindet sich in der Sandstraße 45, wo sie ihre Jugend verbrachte – eine Seitenstraße der Dachauer Straße.

»Schaugts euch des amal an!« sagt Ludwig Thoma den Mitarbeitern im Albert Langen Verlag und gibt ihnen ein Manuskript der Lena Christ; Thoma hat gleich gesehen, was das für eine ist. Die Lena Christ lobt auch Josef Hofmiller, sogar ihren Tod lobt er noch, der so ungeschickt gewesen ist wie ihr Leben. Er lobt sie, weil sie fern von allem Pathos lebte und starb, fälschte und schrieb. Drei Meisterwerke hält er ihr zugute: die *Erinnerungen*, den *Mathias Bichler* und die *Rumplhanni*. Hofmiller versucht ein Bild der Christ zu zeichnen, das, gerade im Vergleich mit Ludwig Thoma, herauskommen läßt, daß er die Christ im Grunde noch höher schätzt. Höher als den Anzengruber ohnehin, dessen *Sternsteinhof* er die *Rumplhanni* entgegenhält: die Christ kennt nicht nur die Bauern besser, sie spricht vor allem ihre Sprache besser.

Zur Belgradstraße ist es ein ziemliches Stück zu gehen, und sie gehört nicht gerade zu den Prachtstraßen der Stadt.

Man kann sich also den Weg sparen und die Wunder dieser Straße aus der Literatur erleben. Die *Pension Fürmann* in der Belgradstraße 57 gehört zu den Legenden der Münchner Boheme, daß Friedrich Gundolf zusammen mit George im Gärtnerhaus der Pension wohnte, fast schon zu den Beiläufigkeiten.

René Prévot gibt 1946 mit Genehmigung der amerikanischen Militärregierung ein Bändchen mit dem Titel *Seliger Zweiklang. Schwabing/Montmartre* heraus. Es sucht etwas längst Vergangenes und ein von den Nazis vernichtetes Lebensgefühl in eine neue Zeit zu retten. So wie Prévot die *Pension Fürmann* beschreibt, muß man doch glauben, daß es noch Wunder auf dieser Welt gibt, eine Art wirklich gewordene Utopie einer – fast – klassenlosen Gesellschaft.

Gegründet wird die Pension am 5. Februar 1903 von einem Seemann und Tramper namens Heinrich Fürmann, genannt »Vater Fürmann«, der auf einer kalifornischen Farm gearbeitet und dort seine Frau kennengelernt hat. Fürmann hat den genialen Einfall, aus einem Pferdestall eine Unterkunftsstätte für Künstler entstehen zu lassen: »Reizvolle dünnwandige Zimmerchen von Streichholzschachtelgröße, diesen Speise- und Tanzsaal mit der dämmerigen Kerzenbeleuchtung an der niedrigen Decke, alles das hatte Fürmann mit der improvisierenden Findigkeit des echten Wildwestfarmers selbst gebaut.«

Der Clou an der Geschichte aber sind ein »geräumiger Gemüsegarten«, dazu ein Ziegenstall, eine Gänsezucht und ein Hühnerhof – und das alles in der Belgradstraße. Das war, so schreibt Prévot, »die wohlgegründete Erdenbasis für die Wirtschaftspolitik Vater Fürmanns. Viele hochschießende Genieträume wären ohne sie jämmerlich zugrunde gegangen . . .« Berühmt war in diesem Zusammenhang die »nach Geheimrezepten gebraute Fürmann-Bowle, deren Hauptingredienz der üppige Rhabarber aus dem Gemüsegarten war. Die Monatsmiete betrug mit dreimaliger Tagesmahlzeit, Tanzfesten inklusive Fürmann-Bowle, Samstagnachmittag-Tanzcafé mit Kuchen neunzig Mark.«

Zu den Gästen der Pension gehört auch Franz Jung, unter den vielen einer der wirklich wilden Burschen der Zeit. Jung ist expressionistischer Dichter aus dem Umfeld des *Sturm* und der *Aktion*, er ist anarchistischer Dadaist oder dadaistischer Anarchist, engagiert sich in der Arbeiterbewegung in Deutschland und in der Sowjetunion, arbeitet eine Zeitlang als Dramaturg bei Erwin Piscator. Geboren 1888 im schlesischen Neiße tritt er auf dem Weg zur Beichte aus der katholischen Kirche aus, die Universität Jena exmatrikuliert ihn nach einem Skandal in der Burschenschaft, die Eltern enterben ihn, von der Sängerin Margot Hader bekommt er einen Sohn, den ihre Eltern übernehmen müssen, nach München geht er 1911.

Hier schließt er Bekanntschaft mit Mitgliedern der Gruppe *Tat*, einer 1909 gegründeten Ortsgruppe des seit 1908 arbeitenden »Sozialistischen Bundes« von Gustav Landauer, und begegnet Graf, Leonhard Frank, Georg Schrimpf, Otto Gross und anderen. Mit einigen von ihnen geht er für einen Monat in die Holledau zum Hopfenzupfen, in München schlägt er sich mit Gelegenheitsarbeiten durch.

In seinem Roman *Der Torpedokäfer* (mit dem ursprünglichen Titel *Der Weg nach unten*), an dem er seit 1958 arbeitet, schreibt er, daß er 1911 für die Schwabinger Boheme schon zu spät gekommen ist: »In der Literatur habe ich nur noch den üblichen Geschäftsbetrieb angetroffen.«

Jungs Urteil fällt nicht sehr günstig aus. Er vergleicht die »Essayisten« Langen und Piper und »die Wedekind, Halbe, Bierbaum, Bleibtreu und so weiter, die Redakteure und Mitarbeiter der Zeitschriften *Simplicissimus* und *Jugend* und was sonst als Literaturbeflissene dort Eingang gefunden hatte« mit einem »Kegelclub«. Im *Café Stephanie* residiert »der Dr. Franz Blei«, der Jung nicht zur Kenntnis nimmt, und außerdem saßen da noch Erich Mühsam und Roda Roda und »spielten jeden Tag zur bestimmten Stunde Schach. Anziehungspunkt für Reisende. Der Ober Julius pflegte die beiden den Fremden zu zeigen als Schaustücke – bei Mühsam war es der Revoluzzerbart, bei Roda Roda die rote Weste.«

Roda Roda überhöht in seinem 1922 erschienenen *Schwabylon* die Pension noch zusätzlich und sorgt für weitere Legendenbildung: An jenem Novembertag 1918 spielt er mit Mühsam Schach im *Café Stephanie*, gewinnt, aber Bruno Frank zieht Mühsam ins Gespräch, dann muß Mühsam zu einer Versammlung auf die Theresienwiese. Selbigen Abends stürmt eine Fürmannpensionärin die Türkenstraße. Also ist auch die Räterepublik von der Pension Fürmann ausgerufen worden. »1907 bis 1918 regierten in Bayern die Wittelsbacher; 1919 Erich Mühsam«, so resümiert Roda Roda bayerische Geschichte. Vor den Nazis muß er emigrieren, in New York stirbt er 1945.

Erich Kästner hat nicht in der Belgradstraße gewohnt, sondern zunächst in der kleinen Fuchsstraße nördlich der Münchner Freiheit, aber eines seiner berühmtesten Bücher spielt in dieser Ecke: *Das doppelte Lottchen*. Nach München kommt Erich Kästner 1945 bereits als hochberühmter Autor. 1899 in Dresden geboren, war er Mitarbeiter bei der von Carl von Ossietzky herausgegebenen *Weltbühne*, in der unter anderem auch die in München bestens bekannten Feuchtwanger oder Toller veröffentlichten. Ende der zwanziger und Anfang der dreißiger Jahre schreibt Kästner seine berühmten Kinderbücher wie *Emil und die Detektive*, *Pünktchen und Anton*, *Der 35. Mai* oder *Das fliegende Klassenzimmer*. 1933 brennen aber auch seine Bücher auf den Scheiterhaufen der Nationalsozialisten, er selbst wird mehrfach verhaftet und erhält Schreibverbot, bleibt aber in Deutschland und schreibt unter verschiedenen Pseudonymen Drehbücher für mehrere Filme. Nach dem Krieg wohnt er zunächst in der Fuchsstraße 2 in Schwabing, dann in einem Reihenhäuschen in der Flemingstraße 52 bis zu seinem Tod 1974.

Kästner gründet gleich 1945 die *Schaubude*, ein literarisches Kabarett, und ist bis 1947 Feuilletonchef der *Neuen Zeitung*. 1949 veröffentlicht er *Die Konferenz der Tiere* und *Das doppelte Lottchen*, das zum Teil in Schwabing spielt und von der Wiedervereinigung einer Familie handelt. Kästners eigene Biographie verläuft in eine andere Richtung: Er hat mehrere Teilzeitfamilien gleichzeitig, dazu diverse Verhältnisse und findet immer noch Zeit, Nachtlokale zu frequentieren, so die *Bongo-Bar*, das *Eve* und andere seinerzeit mehr oder weniger verruchte Lokalitäten. »Sein Nacht- und Liebesleben muß geradezu extravertiert gewesen sein«, so beschreibt es sein Biograph Sven Hanuschek mit außerordentlicher Diskretion.

Noch weiter im Westen, aber noch immer zu Schwabing gehörig, befindet sich der Olympiapark – mit den von Günter Behnisch geschaffenen transparenten Hügeldächern der olympischen Sportanlagen. Das schwebende Zeltdach über dem Olympiastadion bleibt architektonisch in München eine Ausnahme. Leider gehört auch das Olympiagelände zu den Katastrophenorten in München: Eine Gedenktafel am Haus Conollystraße 31 im »Olympiadorf« erinnert an den Anschlag arabischer Terroristen am 5. September 1972 gegen die Sportler aus Israel; in seinem Film *München* stellt Steven Spielberg die Ereignisse dar.

Die in der Nähe liegende Friedenskirche bezieht sich nicht auf diese Vorgänge, sondern hat eine ganz andere Vorgeschichte. Ein gewisser Timofej Prochorow, mit nicht ganz gesichertem Geburtsdatum in Bohajewskaja in der heutigen Ukraine geboren, kommt 1952 nach München. Die Heilige Maria hatte ihm befohlen, eine Kirche zu bauen. »Väterchen Timofej«, wie er schon bald genannt wird, kommt der Anrufung nach. Die Kapelle steht noch immer, auch wenn ihr Erbauer im Alter von über hundert Jahren am 13. Mai 2004 gestorben ist. Man findet sie am besten von der Ackermannstraße aus, auf dem Harbigweg vor dem Olympiastadion linkerhand abzweigend, der Beschilderung »Friedenskirche« folgend.

Eine Begegnung mit Väterchen Timofej schildert Heinz Piontek in seinem Roman *Die mittleren Jahre* (1969), der auch von dem sogenannten Schuttberg, bestehend aus den Ruinenresten der zerbombtem Stadt München, seit 1972 der Olympiaberg, handelt. Der Ich-Erzähler steigt von dem Kreuz, das an »Tausende von Münchnern erinnert, die von ihren Häusern begraben worden waren«, die Anhöhe hinunter und stößt dabei auf eine Einsiedelei und den in ihr lebenden Mönch: »Er schlummerte im Windschatten auf einer heruntergekommenen Matratze. Aber die Hose, die er über den Schaftstiefeln trug, war anständig, und über der Hose trug er einen Kittel aus Kattun und auf dem Kittel war ein Kreuz.« Das Gespräch kommt auf die Gefahr, die dem Eremiten durch den Bau des künftigen Olympiastadions droht, doch zeigt dieser sich un-erschütterlich: »Ich gehe nicht weg. Ich kann nicht gegen meine Seele weggehen.«

Die Geschichte gibt Väterchen Timofej recht, es siegt einmal die Vision über die Realität. Die Reitanlagen müssen an anderer Stelle eingerichtet werden, Kapelle, Kloster und Garten bleiben am Fuße des Schuttbergs. In einem *Annäherung* genannten Band über Väterchen Timofej läßt es sich der Oberbürgermeister der Stadt München, Christian Ude, nicht nehmen, das Vorwort zu verfassen. Augenzwinkernd ernennt ihn das Stadtoberhaupt zur »Kultfigur der sonst so erfolglosen Hausbesetzerszene« – abgesehen davon, daß das gesamte Gelände von Väterchen Timofej ein einziger Schwarzbau ist. Völlig legal erhöhte Friedrich Jahn, der Betreiber des *Wienerwald*-Drehrestaurants auf dem Münchner Olympiaturm, bei Hochbetrieb seinen Umsatz mit der Erhöhung der Umdrehungszahl, auf daß den Gä-sten schwindlig wurde und sie schneller wechselten.

Zu der Nymphen Quelle
durch Neuhausen

[Achter Spaziergang]

Nichts weniger als das Schloß von Versailles sollte Nymphenburg werden, was es dann Gott sei Dank nicht geworden ist: weit weniger Machtzentrale als Spiel mit den Formen locker anmutender Bauten, freundlicher Bäume und Sträucher und der Teiche und Bäche, in denen sich spielerisch alles spiegelt.

Unglücklicherweise kippt ausgerechnet auf der Fahrt zum Schloß Nymphenburg am 4. Juni 1820 eine Kutsche um, in der einer der wenigen deutschen Dichter sitzt, die wirklich Humor haben: Jean Paul zieht sich eine Brustquetschung zu. In München war er, wenn auch nur kurz, vom 27. Mai bis zum 12. Juli 1820. Hauptgrund des Besuches war sein geliebter Sohn Max, der in München studierte. In München gefällt es Jean Paul nicht sehr. Selbst die berühmte Fronleichnams-Prozession wird ihm verleidet: »Ich sah das glänzende Fronleichnamsfest; aber der Grimm über den Pfaffenunsinn erstickt den ästhetischen und empfindsamen Genuß.« An seine Frau Karoline schreibt er: »Brustfeindliches Klima und herzleere Gegend«, so erlebt er es in der Akademie.

Am 9. Juni kommt es aber doch noch zur Audienz bei König Max und seiner Frau Karoline; Jean Paul, der überzeugte Republikaner, ist sehr angetan von seinem Monarchen: »Einen solchen weltoffnen, gutmüthigen, unbegehrlichen, anspruchslosen, hausväterlichen König hab' ich mir nie gedacht.« Die tatsächlich heute noch auf Porträts er-

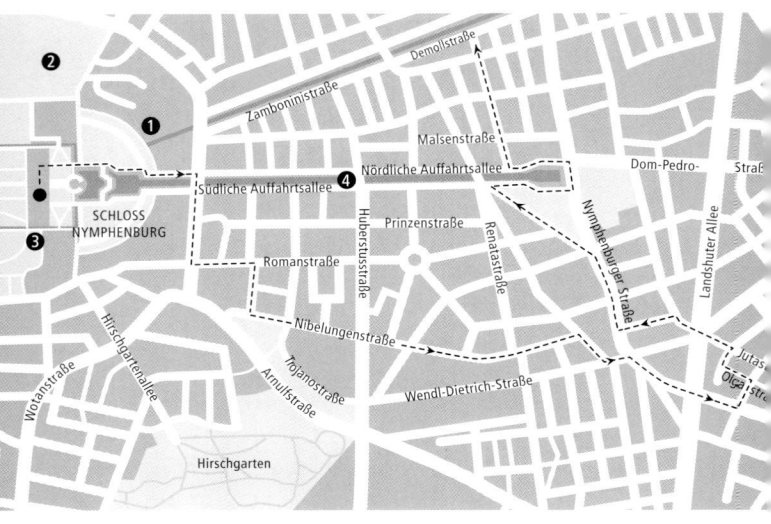

[1] Staatliche Porzellan Manufaktur [2] Botanischer Garten [3] Marstall-Museum [4] Nymphenburger Kanal

kennbare Ähnlichkeit zwischen den beiden entgeht auch Jean Paul nicht: »Sein Gesicht ist meinem ähnlich, hat aber noch weit mehr Reize.«

In München trifft Jean Paul auch Franz von Baader, dessen Einfluß auf seinen Sohn Max er jedoch mit Mißtrauen beäugt. Er hält ihn für »überchristlich«. Auch den Umgang mit seinem Kommilitonen Ludwig Feuerbach, dem späteren Philosophen, mißbilligt der Vater. Ein Jahr später kehrt Max geschwächt und krank zu seinen Eltern zurück und stirbt. München ist ihm gar nicht gut bekommen.

In Nymphenburg spielt auch Herbert Rosendorfers Roman *Die Nacht der Amazonen*. Im Mittelpunkt steht Christian Weber, aus dem Umfeld niederträchtiger Charaktere einer von Hitlers besonders üblen Mitkämpfern. Als Stallbursche von den Nazis zum Fraktionsführer der NSDAP im Stadtrat, SS-Brigadeführer und Präsident des Kreistags von Oberbayern nach oben gespült, läßt er nackte, aber vergoldete Mädchen als Amazonen auf Triumphwagen durch den Nymphenburger Park ziehen. Kunst ist für ihn »Siegfried und nackte Weiber«.

In ihrem Roman *Langsame Tage* beschreibt Asta Scheib, von der Böcklinstraße ausgehend, »die aussah wie aus früherer Zeit hineingezaubert«, nächtliche Autofahrten ihrer Titelheldin Agnes, die sie quer durch Nymphenburg und Neuhausen führen. Die »vollkommene Schönheit« des Kanals, die Asta Scheib beschreibt, findet sich auch in Manfred Bielers Roman *Der Kanal* (1978) wieder. In der Bäumlstraße 9 wohnte seit 1957 Eugen Roth, ein Lyriker mit hohen Auflagen, vor allem mit *Ein Mensch*.

Etwas überraschend für einen Naturlyriker und Maler, wohnte Georg von der Vring im sechsten Stock eines modernen Wohnblocks in der Nibelungenstraße 9a. Die Nähe des Nymphenburger Parks und des Botanischen Gartens entschädigen ihn jedoch, in München strebt seine künstlerische Entwicklung ihrem Höhepunkt entgegen. Die Spaziergänge durch die Villenstraßen haben von der Vring zu den Gedichten »Der alte Garten« und »Laternenmann« inspiriert, zu finden in der Sammlung *Gesang im Schnee* (1967). In diesen Versen spürt man den verklingenden Nachhall einer Lyrik der Nachkriegszeit ebenso wie die herbstliche Stimmung eines vornehmen Viertels, ehe es endgültig in die Hände von Immobilienhaien fällt. »Der alte Garten« sieht so aus:

> Tritt ans verschlossene Tor,
> Rühr an die Klinke,
> Merk, sie ist rostig;
>
> Zu Gitterstäben empor
> Hebt sich ein staubig
> Gehauf von Nesseln.
>
> Denk, daß hier ehmals hervor
> Die Fröhlichkeit tönte
> Mit Kinderstimmen.
>
> Leg an die Stäbe dein Ohr.
> Was kannst du erfahren?
> Nesseln brennen.

Am 1. März 1968 wurde von der Vring tot aus der Isar geborgen.

Das Geburtshaus des *Ruf*-Herausgebers und Mitbegründers der Gruppe 47 Alfred Andersch liegt in der Olgastraße 5. Ein Jahr nach seiner Geburt zog die Familie 1915 zwei Straßen weiter in die nahe gelegene Neustätter Straße 6 um, eine Seitenstraße der Leonrodstraße. In seinem »Bericht« genannten Buch *Die Kirschen der Freiheit* (1952) entsteht eine wenig erfreuliche Erinnerung an diesen Stadtteil:

»In der übrigen Zeit lief meine Kindheit ab wie ein Uhrwerk. Wenn ich an sie denke, ergreift mich wieder das Gefühl der Langeweile, das mich umklammert hielt, als ich zwischen den charakterlosen Fassaden der bürgerlichen Miethäuser aufwuchs, aus denen der Münchner Stadtteil Neuhausen besteht. Meine damals schon bebrillten Augen blickten in eine Landschaft verwaschener Häuserfronten, toter Exerzierplätze, aus roten Ziegelwänden zusammengesetzter Kasernen. Noch heute, wenn ich nach München komme, kann ich der Lockung nicht widerstehen, mit der Trambahn zur Albrechtstraße zu fahren und im Durchwandern der Straßen meiner Kindheit das Gefühl faden Wartens noch einmal auszukosten.«

Endgültig trostlos werden Kindheit und Jugend des Alfred Andersch durch einen rechtsradikalen Vater, der bereits 1920 der NSDAP beitrat, und eine Schule, das Wittelsbacher Gymnasium, dessen Direktor Gebhard Himmler war, der Vater des späteren Reichsführers der SS, Heinrich Himmler. In seinem Buch *Der Vater eines Mörders* (1980) berichtet Andersch, wie es in der Schule zuging.

Wer in der entgegengesetzten Richtung den Nymphenburger Kanal über den Westausgang des Nymphenburger Parks hinaus verfolgt, gelangt an die Blutenburg, ein Wasserschlößchen im gotisches Stil. Idyllisch gelegen, ist sie doch jene unglückselige Stätte, die Herzog Albrecht III. seiner geliebten Agnes Bernauer erbauen ließ. Dort haben

Nymphenburger Schloß

die beiden 1432 heimlich geheiratet. Carl Orff hat die Geschichte in seinem Stück *Die Bernauerin* dramatisiert und vertont. Die nicht standesgemäße Liaison des Herzogsohns mit der Badertochter aus Augsburg stört die dynastischen Pläne der Wittelsbacher, weil Herzog Ernsts Sohn Albrecht naturgemäß Herzog werden soll, das aber aus Sicht solcher Staatsraison nicht kann mit einer Bernauerin.

Lola Montez ist die zweite große Frauengestalt, deren Schicksal mit der Blutenburg verbunden ist. Sie verbringt im Revolutionsjahr 1848 ihre letzte Nacht vor der endgültigen Flucht in der Blutenburg. Zuvor besteht sie darauf, von dem Studenten Peißner nach München zurückgebracht zu werden, doch weigert sich dieser und kriegt, wie es Lola konsequenterweise in solchen Fällen zu tun pflegt, eine Watschn. »Ich will die Krone«, schreit sie; immerhin hätte sie ihren König Ludwig I. zum Minister gemacht. Am anderen Tag steckt man die nunmehr gewesene Gräfin in Pasing in den Zug, und sie ward nicht mehr gesehen.

Seit 1983 ist in der Blutenburg die Internationale Jugendbibliothek untergebracht, mit Gedenkstätten für Michael Ende, Walter Trier und James Krüss.

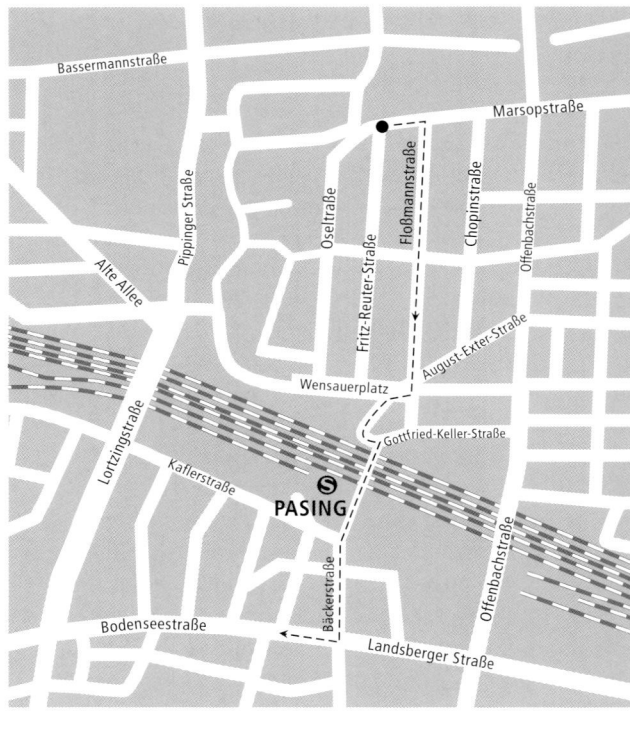

An der Würm entlang nach Pasing

[Neunter Spaziergang]

»Frauen, die mir gefallen, steigen grundsätzlich in Obermenzing aus, und ich sehe sie nie wieder«, stellt der österreichische Schriftsteller Heimito von Doderer während seiner Münchner Zeit resigniert fest. »Offenbar will mich dieses Land nicht binden. Ich soll Ausländer bleiben und dies auch erotisch.«

Doch nicht ins nördliche Obermenzing soll der nächste Spaziergang führen, sondern südlich der Blutenburg würmaufwärts in das literarisch höchst interessante Pasing. Im Elternhaus von Heinrich F. S. Bachmair in der Planegger Straße 5, nahe am Pasinger Marienplatz, befindet sich noch heute die St. Jakobs-Apotheke, in der Bachmair aufwuchs.

In den zwei Jahren seines Bestehens werden in Bachmairs Verlag 38 Bücher veröffentlicht, darunter von Autoren wie Becher, Benn, Brod, Hasenclever, Hoddis, Klabund, Lasker-Schüler. Nach seiner Rückkehr aus Berlin wohnt Bachmair wieder in Pasing. Auf Spaziergängen mit Johannes R. Becher durch den Wald zur *Lochhamer Waldschenke* werden aktuelle Verlagsangelegenheiten besprochen. 1914 wird der Verlag verkauft, 1919 tritt Bachmair im »Pasinger Rat geistiger Arbeiter« für die Fortsetzung der Revolution ein. Nach eineinhalb Jahren Festungshaft lebt Bachmair wieder in Pasing, arbeitet aber für andere Verlage. Bachmairs Buchhandlung »Die Bücherkiste« befand sich in der Kurfürstenstraße 8 in Schwabing; 1937 wird sie geschlossen. *Der Bücherhirt* ist laut Bachmairs

1927 formulierter Selbstdefinition »die kleinste Zeitschrift für die Bibliophilen, Bibliomanen, Bibliomisen, Bibliophoben und Bibliophagen«.

In Johannes R. Becher, prominenter Autor des Verlages, schreit alles nach Aufstand: »Empor aus Freudenhäusern, den Kneipenlokalen / der Homosexuellen. / Empor aus Asylen, Krankenhäusern, / Zuchthäusern. / Empor aus Irrenanstalten, Pestbaracken, / all den Gehegen / tobender Alkoholiker / ächzender Tuberkulöser, demaskierter Syphilitiker … / Oh du mein Schrei: auch Schrei der Zeit! / Steht auf! Steht auf! Schlagt Neider! / Stoßt zu! / Brecht auf! … / Oh empor, oh empor: dem Aufgang zu! – – / Oh ihr Nächte! Oh ihr Nächte!«

Becher ist Expressionist, Morphinist, Kommunist, Motor des kulturellen Wiederaufbaus nach 1945, DDR-Kulturminister, Textautor der Hymne »Auferstanden aus Ruinen«, im Osten als größter lebender Dichter gefeiert, im Westen als Apparatschik verhöhnt, zuletzt wohnhaft: Majakowskiring 34, Ost-Berlin.

1910 nahm Korfiz Holm seinen Wohnsitz in der Rembrandtstraße 13; Holm war *Simplicissimus*-Redakteur und seit 1918 Mitinhaber des Albert Langen Verlags, sein Grab findet sich auf dem Pasinger Friedhof. Auch die naturalistische Autorin Anna Croissant-Rust liegt dort begraben.

Zunächst wie Holm in der Rembrandtstraße, aber in der Nummer 7 (1951-75), danach bis zu seinem Tod in der Floßmannstraße 13 wohnte der Begründer der *Gruppe 47* Hans Werner Richter. Wenn von der Literaturstadt München die Rede ist, wird selten jener berühmter Kärtchen gedacht, die aus eben dieser Stadt in schöner Regelmäßigkeit in die ganze Republik hinausgegangen sind, Einladungskärtchen an Autoren mit dem Absender Hans Werner Rich-

Blutenburg

ter. Es ist ein bemerkenswert undeutsches Phänomen, daß aus diesem harmlosen Vorgang ein ganzes Kapitel deutscher Literaturgeschichte entstanden ist: eine Gruppe, die ohne jedes Statut im Grunde nicht einmal eine Gruppe ist, trifft sich ein- bis zweimal im Jahr, ihre Mitglieder, die keine Beiträge zahlen, lesen sich Texte vor und kritisieren sich gegenseitig, und das hart, das ist eigentlich alles. Ihr Chef ist weniger Präsident denn Vaterfigur, er hat keinen Vize, kein Sekretariat, keinen Schriftführer und keinen Kassenwart. Und doch verbindet sich mit denen, die dieser Gruppe zugerechnet werden, im wesentlichen die deutsche Nachkriegsliteratur. Den Namen *Gruppe 47* hat sie von ihrem Gründungsjahr, aber sie ist ja nicht einmal gegründet worden, es hat sich sozusagen alles so ergeben.

Wie in seinen Filmen mutet sich Werner Herzog auch in seinem Prosatext *Vom Gehen im Eis* Messianisches zu. Eine innere Stimme sagt ihm, daß er die Filmemacherin Lotte Eisner vor dem Tod bewahren könnte, wenn er sich zu Fuß von München aus auf den Weg nach Paris zu ihr machte, sich selbst als Rettung verheißend: »Sie darf nicht sterben. Später vielleicht, wenn wir es erlauben.« Am 23. November 1974 bricht er auf, nach ungefähr 500 Metern macht er die erste Rast, im Pasinger Krankenhaus, in dem der Schriftsteller Herbert Achternbusch liegt. Sein Gehen beschreibt Herzog, Pasing gerade erst hinter sich, so: »Meine Schritte gehen fest. Und jetzt zittert die Erde. Wenn ich gehe, geht ein Bison. Wenn ich raste, ruht ein Berg.« Am 14. Dezember kommt er in Paris an, Lotte Eisner lebt noch, er sagt zu ihr, und das ist der letzte Satz aus *Vom Gehen im Eis*: »Öffnen Sie das Fenster, seit einigen Tagen kann ich fliegen.«

Über die Wiesn und die Schwanthaler Höhe

[Zehnter Spaziergang]

Zur Theresienwiese, die vom Hauptbahnhof, vom Sendlinger-Tor-Platz oder vom Goetheplatz aus bequem in zehn Minuten zu Fuß zu erreichen ist, sagt man in München der Einfachheit halber nur »Wiesn«.

Die Geschichte des Oktoberfestes beginnt mit der Vermählung von Kronprinz Ludwig, dem späteren König Ludwig I., und Prinzessin Therese von Sachsen-Hildburghausen. Neben dem Bier gehört das Spiel der Geschlechter zum Wesen der Wiesn, wobei es neben den Komödien auch Tragödien gibt. Ödön von Horváth erläutert das komplizierte Innenleben einer Wiesnbraut in *Wiesenbraut und Achterbahn* so: »Unter einer Wiesenbraut versteht man in München ein Fräulein, das man an einem Oktoberfestbesuch kennenlernt, und zu dem die Bande der Sympathie je nach Veranlagung und Umständen mehr oder weniger intim geschlungen werden.« Die Wiesnbraut freilich will oft »nur lustig sein und sonst nichts«, allerdings: »Häufig will sie sonst auch noch etwas.« Das Problematische an der Wiesnbraut besteht in ihrer Sehnsucht, »daß es immer ein Oktoberfest geben soll; immer so ein Abend; immer eine Achterbahn; immer die Abnormitäten; immer Hippodrom im Kreise«. Die Wiesnbraut vergißt alles, denkt nicht einmal an den Tod, allerdings bekommt auch sie nur im Märchen einen Prinzen. »In Wahrheit versinkt sie in das Nichts, sobald die Wiese aufhört.«

Auch *Kasimir und Karoline* (1932), Ödön von Horváths

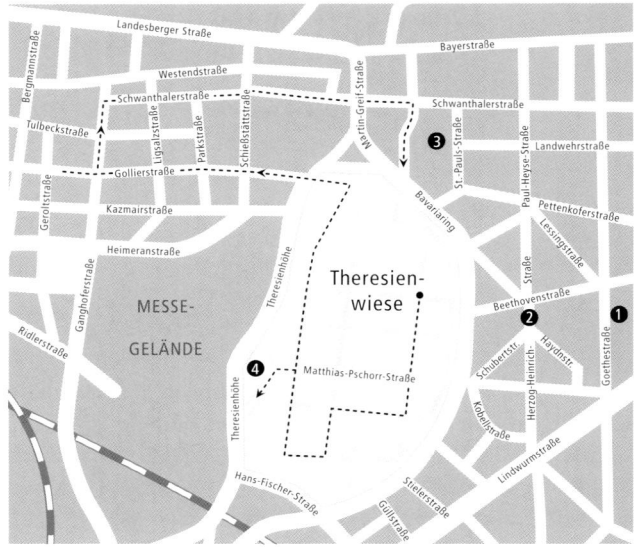

[1] Krankenhaus links der Isar [2] Kaiser-Ludwig-Platz [3] St.-Pauls-Platz [4] Ruhmeshalle mit Bavaria

»Volksstück«, in dem Arbeitslosigkeit und die damit verbundene Verelendung des Menschen eine gewichtige Rolle einnehmen, spielt auf der Wiesn, »und zwar in unserer Zeit«. Gleich zu Beginn des Dramas gehen Kasimir und seine Braut Karoline wegen eines ziemlich dummen Streits getrennte Wege, Karoline kommt mit einem Herrn namens Schürzinger ins Gespräch. Immer wieder versucht Kasimir, sich mit Karoline zu einigen, doch gelingt es nicht. Karoline hat ihre Augen schon auf andere Herren geworfen, Herren mit Geld, im Gegensatz zum arbeitslosen Kasimir. Ungeniert eröffnet sie ihm ihre Taktik: »Das Leben ist hart und eine Frau, die wo etwas erreichen will, muß einen einflußreichen Mann immer bei seinem Gefühlsleben packen.« Sie nimmt »eine höhere gesellschaftliche Stufe« in Angriff. Schließlich kommt sie zu der Einsicht: »Menschen ohne Gefühl haben es viel leichter im Leben«, und läßt auch Schürzinger stehen. »Ich habe es mir halt eingebildet, daß ich mir einen rosigeren Blick in die Zukunft erringen könnte«, stellt Karoline zuletzt fest, »aber ich müßt so tief unter mich hinunter, damit ich höher hinauf kann.« Ihr Resümee bleibt bitter: »Man hat halt oft so eine Sehnsucht in sich – aber dann kehrt man zurück mit gebrochenen Flügeln und das Leben geht weiter, als wäre man nie dabei gewesen . . .«

Das Motto des Stückes »Und die Liebe höret nimmer auf«, läßt sich auf der Wiesn nicht in die Wirklichkeit umsetzen und im Leben schon gar nicht. Der Schlußszene von Horváths *Kasimir und Karoline* folgt ein ironischer Abgesang – wenn Erna leise singt: »Jedes Jahr kommt der Frühling / Ist der Winter vorbei / Nur der Mensch hat alleinig / Einen einzigen Mai.«

Auch der amerikanische Schriftsteller Thomas Wolfe

war auf der Wiesn. Mehrere Reisen führten ihn nach Europa, er hätte Horváth 1928 auf der Wiesn treffen können. Am 4. Oktober jenes Jahres schreibt er an Aline Bernstein, wie es einem amerikanischen Dichter auf dem Oktoberfest erging: »Ich hatte eine leichte Gehirnerschütterung, vier Schädelwunden und eine gebrochene Nase. Mein Kopf ist sehr schön verheilt, und meine Nase bessert sich schnell . . . Ich habe einen Kahlkopf wie ein Priester – das heißt, mit einem narbenbedeckten Schädel und den wieder sprießenden schwarzen Haarstoppeln sehe ich eher wie ein verlotterter Priester aus.«

Wolfes München-Fazit ist ernüchternd:

»Dieses München hat mich fast umgebracht. Es hat mir mehrere Kopfwunden und eine gebrochene Nase eingebracht, und schließlich hat es mir innerhalb von zehn elenden Sekunden eine schwere Erkältung angehext, die erst an den Schleimhäuten der Nase wie Feuer brannte und dann in den Hals rutschte, wo sie sich anfühlt wie ein Klumpen rohes Fleisch. Ja, München hat mich fast umgebracht – aber es hat mir in fünf Wochen mehr menschliche Erfahrung geschenkt, als den meisten Menschen in fünf Jahren zuteil wird.«

In dem nachgelassenen Roman *Geweb und Fels* bezeichnet er den Bayern sogar als den »netten Kerl der Nation«.

Bis in gedankliche und syntaktische Strukturen hinein findet das Chaos der Wiesn ihre literarische Entsprechung im Werk des 1938 in München geborenen Herbert Achternbusch: »In meinen Büchern führen sich die Wörter und Gedanken wie so eine tausendköpfige besoffene Masse in einem Oktoberfestbierzelt auf.« Die einzelnen Worte brechen jeweils am Zeilenende an der Stelle ab, an welcher der Blocksatz den Rand setzt, ohne Trennungszeichen geht es in der nächsten Zeile weiter. Achternbuschs dritter Film *Bierkampf* (1976), basierend auf der frühen Erzählung *Zigarettenverkäufer* aus *Hülle* (1969), zeigt das weltberühmte Volksfest von seiner barbarischen Seite.

»An früheren Oktoberfesten wollte ich mich an einen Tisch setzen und mitsaufen, an der Seite eines Mädchens die Lust haben und ihr im Augenblick nichts anhaben können, und in Eifersucht bersten, weil der Nachbar nach ihr tapst, aber sie nachher nach einem heftigen Streit irgendwo fast zerquetschen. Aber wie ein Kranich gehe ich durch die Reihen und tanze den Zigarettentanz, viel Geld zu verdienen ... Jetzt rülps ich die Luft, die ich eingeschnackelt hab. Jetzt singt die Bräurosl noch mal, in der Box schaut man mir freundlich entgegen. Geh aus dem Weg, schreit ein jeder ...«

Auf der Wiesn kulminieren alle Möglichkeiten dieser Stadt, bestehende Regel und Ordnung außer Kraft zu setzen. Anknüpfend an Rituale der Fastnacht oder des Faschings, der Freinacht oder Walpurgis, wird anarchische Freiheit zum Gesetz. Nichts gilt mehr, was sonst in bürgerlicher Gesellschaft als normal angesehen wird. In revolutionären Zeiten kommt dabei dem Bürgertum die Macht abhanden, wenn von der Wiesn aus gegen die Residenz marschiert wird. Aber auch das Bürgertum selbst gönnt sich seine Auszeiten, wenn es in Kunst und Festspielen mit Ästhetik und Poesie eine andere Zeit zu Wort kommen läßt, als mit der Sprache des Alltags Zweckrationalität und Sachzwänge zu begründen. Kunst und Fest als Inszenierung, Freiheit und Anarchie in rauschhaften Anfällen, die im Ausnahmefall zur Revolution führen, prägen diese Stadt, die immer gern eine andere wäre, als sie ist.

Unabhängig von der Wiesnzeit lohnt sich ein Besuch an

Auf dem Oktoberfest

ihrem westlichen Rand, einer sanften Anhöhe, der sogenannten Schwanthaler Höhe, benannt nach Ludwig Schwanthaler, dem Schöpfer der Bavaria. König Ludwig I. erweiterte seine Vision vom »Isar-Athen«, vom antiken Griechenland in München, um die Ruhmeshalle (1843-53) und um die Bavaria (1843-50). Der Entwurf stammt von dem Architekten Leo von Klenze, ausgeführt von Ludwig Schwanthaler, 1850 wurde sie aufgestellt. Mit 18,5 Metern ist sie die größte Bronzestatue der Welt. Die ihr nachempfundene Freiheitsstatue vor New York ist zwar höher, aber nicht aus Bronze. Der Journalist Claus Heinrich Meyer hat ihr eine kleine Monographie gewidmet mit dem Titel *Die begehbare Frau* (1992) – denn tatsächlich kann diese Kolossalstatue von innen her erstiegen werden, bis der Besucher, oben in ihrem Kopf angekommen, einen wunderbaren Blick über die Wiesn auf die Münchner Innenstadt hat.

Auf der Schwanthaler Höhe lebte und schrieb aus der Sicht der Arbeiter und Angestellten August Kühn, eigentlich Rainer Zwing (1936-1996), seine Erzählungen und Romane. Er hatte seine Wohnungen in der Gollierstraße 51, an der eine Gedenktafel an ihn erinnert, und seit Ende der siebziger Jahre in der Jutastraße 16 – wenn er sich nicht auf seiner Alm in Hinterwössen aufhielt. Als erklärter »Arbeiterschriftsteller« setzt er sich zum Ziel, ein »Epos der kleinen Leute« zu schreiben. Kühns erfolgreichstes Werk bleibt die 1975 erschienene Familienchronik *Zeit zum Aufstehn*; sie erreichte die stolze Auflage von weltweit zwei Millionen Exemplaren, wurde verfilmt und als »Buddenbrooks der Arbeiter« bezeichnet. In ihr sind zumindest in Teilen Quellen einer deutschen Sozialgeschichte aufbewahrt: »Schade daß jede Generation dieser Arbeiterfamilien ihre eigenen, schmerzlichen Erfahrungen machen mußte. Mußte? Weil sowenig weitergegeben wird, weil die Väter und Mütter abends zu müde sind, um mit den Kindern über das zu sprechen, was die Lehrer in der Schule nicht wissen können.« Wenn etwas so scheinbar Banales wie ein Sonntagsausflug an den Starnberger See beschrieben ist, wird am Beispiel, wie das Brotzeitpaket einer Arbeiterfamilie aussieht, die nicht mit dem Auto, sondern mit öffentlichen Verkehrsmitteln hinausfährt, ein Stück Alltagsgeschichte deutlich: »Ein halber Wecken Brot in Scheiben geschnitten, eine Portion Wurst, zwei Ecken Streichkäse, den die Kinder nicht mögen, ein Pfund Tomaten. Wenn man sich heute Kinder leistet, muß man sehr sparsam wirtschaften. Weshalb die meisten wohl darauf verzichten, eine richtige Familie zu werden.«

Zu Füßen der Bavaria geschah in der Wirklichkeit, was sich August Kühn für sein eigenes Leben erträumt hatte: eine Revolution, die man so in dieser Stadt, in diesem Land nicht vermutet, eine Revolution von Unabhängigen Sozialdemokraten, Pazifisten und Anarchisten. In den Wirren dieser beginnenden Novemberrevolution kristallisiert sich eine Person als leitende Figur heraus, der Berliner Journalist Kurt Eisner. 1857 geboren, war er zunächst beim *Vorwärts* als Redakteur tätig, war das letzte Kriegsjahr wegen seiner Beteiligung am Streik der Rüstungsarbeiter im Januar fast vollständig in Haft, bis er ab Oktober von neuem agitieren konnte.

Der anfangs in Bayern wegen seiner nördlichen Abstammung wenig geschätzte Eisner erwirbt sich ausgerechnet wegen seiner antipreußischen Haltung Achtung. Auch sein politischer Weg verläuft ungewöhnlich: Auf einem Mittelweg zwischen monarchistisch orientierter SPD und den Ideen der russischen Revolution sucht er den parlamentarischen Gedanken mit der Idee der Räte zu vereinen. Auf einer gemeinsamen Kundgebung auf der Theresienwiese mit den Mehrheitssozialdemokraten unter Anführung von Erhard Auer am 7. November 1918 sollen Forderungen nach Beendigung des Krieges, nach Parlamentarisierung und überhaupt Demokratisierung des immer noch bestehenden königlichen Staates vorgetragen werden. Oben auf der großen Freitreppe unter der Bavaria steht Auer, gleichzeitig aber sprechen an den Abhängen seitlich davon andere Redner. Kurt Eisner zieht die meisten an.

Nur ein Teil von ihnen folgt Auer, der mit einem Musikkorps an der Spitze durch die Stadt marschiert. Die revolutionär Gesinnten aber gehen mit den Soldaten zu den Kasernen, erst zur Guldeinschule, wo Landstürmer untergebracht sind, dann auf das Marsfeld, schließlich zur Türkenkaserne in Schwabing – und von dort zur Residenz. Schon bald kann die Bevölkerung auf leuchtend roten Plakaten lesen:

»Proklamation. Volksgenossen! Um nach jahrelanger Vernichtung aufzubauen, hat das Volk die Macht der Civil und Militärbehörden gestürzt und die Regierung selbst in die Hand genommen. Die Bayerische Regierung wird hierdurch proklamiert. Die oberste Behörde ist der von der Bevölkerung gewählte Arbeiter-, Soldaten- und Bauernrat, der provisorisch eingesetzt ist, bis eine endgültige Volksvertretung geschaffen werden wird. Er hat gesetzgeberische Gewalt. Die ganze Garnison hat sich der Republikanischen Regierung zur Verfügung gestellt. Generalkommando und Polizeidirektion stehen unter unserem Befehl. Die Dynastie Wittelsbach ist abgesetzt. Hoch die Republik! Der Arbeiter- und Soldatenrat. Kurt Eisner.«

Daß aber diese Revolution, wenn auch gelegentlich in

Bavaria

abschätziger Form, eine »Revolution der Literaten« genannt wird, paßt in die große Traditionslinie einer Kultur in München, die sich oft lieber an der Vision orientiert als an dem, was Realisten machbar nennen. Eisner möchte »der Welt das Beispiel geben, daß endlich einmal eine Revolution, vielleicht die erste Revolution der Weltgeschichte, die Idee, das Ideal und die Wirklichkeit vereint«. Außer Eisner werden, vor allem nach dessen Ermordung, eine ganze Reihe von Schriftstellern politische Verantwortung übernehmen: Erich Mühsam, Gustav Landauer und Ernst Toller, der die Geschichte dieser Zeit in *Eine Jugend in Deutschland* niederschreibt.

Als vermeintlich von der Paulskirche aus die Konterrevolution eingeläutet wird, nehmen Toller und seine Leute ein verlassenes Maschinengewehr, das an einem Pfeiler im Hauptbahnhof steht, und schleichen zur Paulskirche. »Vor Aufregung«, berichtet Toller – und man weiß nicht, worüber man sich mehr wundern soll: über ein verlassenes Maschinengewehr im Hauptbahnhof oder über den lakonischen Stil des Verfassers – »vor Aufregung schießt der Mann am Maschinengewehr auf den Turm, schwer rollt das Echo zurück.« Da wird man sich gewundert haben an der Schwanthalerstraße. Tatsächlich werden Fenster aufgerissen, und so beschwert man sich in München über die Revolution: »Des is ja noch schöner, jetzt schiassens gar mitten in da Nacht!« Der Schütze aber freut sich: »Habts es gehört? Dös hat gesessen!«

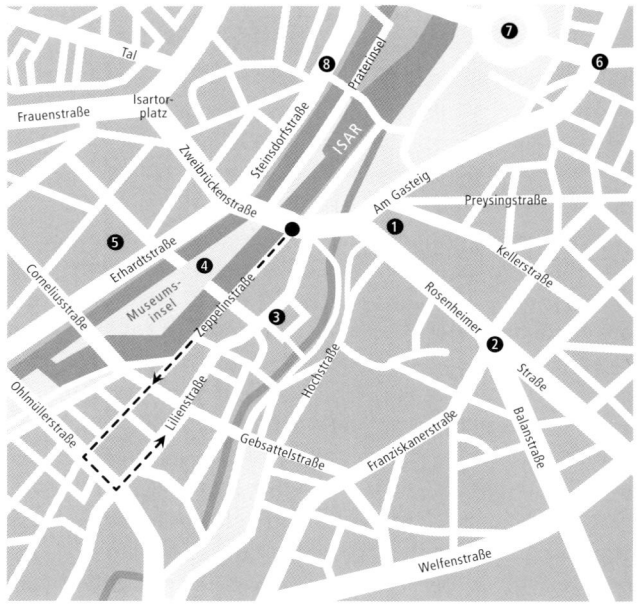

[1] Am Gasteig [2] Rosenheimer Platz [3] Maria-Hilf-Kirche [4] Deutsches Museum [5] Europäisches Patentamt [6] Max-Weber-Platz [7] Maximilianeum (Bayerischer Landtag) [8] Mariannenplatz

In die Au und nach Giesing

Man entkommt dem Bier einfach nicht in dieser Stadt, nicht einmal in seiner poetisierten Form. Auch Michael Georg Conrad wird von dem Gebräu zu den höchsten Metaphern inspiriert: »... kellerbefestigt ist der Flußlauf der Isar, die nicht müde wird, die Wunder und Siege des berühmten Salvatorkellers zum Zacherl am Nockherberge, wo die mörderischsten Bockschlachten zur Zeit der Frühlings-Tagundnachtgleiche geschlagen werden, den Schwerhörigsten in die Ohren zu rauschen.« So schlecht kann es dem Menschen gar nicht gehen, daß er nicht in München errettet werden könnte: »In Sälen, Hallen, Gärten, die oft über zweitausend Biergläubige fassen, wird auch er noch einen Platz und einen Maßkrug, etwas Schweinernes oder Kälbernes finden, um sich für alle Fährlichkeit und Drangsal des Weges zu entschädigen und seines wahren Münchener Lebens und Strebens froh zu werden. Amen.«

Theodor Lessing, der schon für die Ludwigstraße als Chronist zitiert wird, malt diesen Reigen der ewigen Feste so aus:

»Die schwarzgrüne Isar rauschte das bayrische Jahr entlang, ewige Sterne regelten des Jahres Kreislauf. Aufs Oktoberfest kam die Weihnachtsdult drunt in der Au; auf Christmetten und Krippenfest folgte der Fasching mit Bauernball und Aschermittwoch. Nach Karneval erschien der Salvatorfrühling auf dem Nockherberge und dann kamen die heißen grünen Sommer auf den Kellern: Augustiner, Franziskaner, Pschorr, Löwenbräu, Thomas, Paulaner, Hofbräu, Kapuziner, Bavaria.«

Mit vollem Herzen bricht sich die Lust am Bayerischen in der Seele dieses jüdischen Preußen Bahn: »Uns norddeutschen Studenten, Saupreußen genannt, gefiel die sinnenfrohe Schlamperei einer Bevölkerung, so bärenhaft dumpf im Gehirn, wie hochgewachsen in den Hüften. Dieses Volk wusch sich nicht und badete nicht und war doch kunstnäher als die gewaschene Menschheit des Nordens, wo der Spießbürger die erste Geige spielt.« Hierauf folgt die bemerkenswerte Einschätzung: »Deutschlands gewaschene Bevölkerung ist nicht deutsch: sie zerfällt in feindliche Klassen, Pöbel und Bourgeoisie ... Wir aber«, so resümiert Lessing höchst vergnügt, »lebten in erfreulicher Gottnähe.«

Zum unverzichtbaren Bestandteil des Festreigens gehört auch die Auer Dult. Zwischen den Buden erhebt sich der Turm der Mariahilfkirche, dessen Spitze im Grunde aus lauter Maßkrügen besteht, weil jeder, der nach dem Krieg auf der Auer Dult einen Maßkrug mit dem Motiv des Turms gekauft hat, einen Baustein zum Wiederaufbau geleistet hat. Josef Ruederer erblickt in der Auer Dult gleichermaßen das Ende und die Zukunft:

»Will man sprechen vom Ende der Dinge, wo alles zusammenfließt, was einst glänzte und funkelte, will man das Fazit ziehen vom Letzten, was überbleibt, die Schlußbilanz vom Sein und vom Leben, will man den Erdenrest sehen in jener Gestalt, wo er mündet beim ärmsten der Käufer oder gleich auf dem Schutt, dann muß man über die Fraunhofer Brücke hinauswandern zu den Trödelbuden der Auer Dult. Dort, zu Füßen der Mariahilfkirche, ist Münchens Grenze gezogen, hier läuft es aus, hier wird es vertandelt. Dreimal im Jahr, im Frühling, im Sommer, im Spätherbst.«

Es handelt sich um die Mai-Dult, um die Jakobi-Dult und um die Herbst-Dult. Doch weiß er um die letzte Dinge, wie sie sich als Trödel auf so einem Menschenmarkt zum letzten Abgesang versammeln:

»Eine letzte, fidele Paarung all dessen, was im Leben nicht immer zusammenpaßte. Selbst die Religionen lösen sich auf an der Stätte, wo alles gleichgemacht wird von der Zeit und abbröckelndem Firnis. Dort in der Ecke lehnt sich ein Kruzifix ganz gemütlich an Buddhas vergoldete Figur. Dem Gekreuzigten fehlt ein Arm, dem indischen Gotte die Nase. Und ein Marodespital farbiger Heiligenbilder umgibt im Hintergrunde andachtsvoll Martin Luther.«

Ruederer ist sich im klaren, daß auch seine Werke hier landen werden: »Hier kündigen vergilbte Schmöker das Ende der Weisheit, und hier endet auch einmal mein Buch.«

Selbstironisch reflektiert er angesichts des ganzen Plunders auf der Auer Dult seine eigene Rolle im literarischen Leben Münchens, in den Mund eines Antiquars legt er seine Selbsteinschätzung:

»Auch sei der Verfasser ein Münchner gewesen. Habe es allerdings nie zu was Rechtem gebracht. Wollte immer gescheiter sein als die andern, spottete fortwährend über alles. Was Wunder, wenn's der Menschheit zu dumm wurde? Sie wußte nicht, wo sie ihn einreihen sollte, wohin er gehörte. Im allgemeinen scheint er ja ein guter Kerl gewesen zu sein, aber zu sprunghaft, zu kapriziös. Wollte nie dieselben Gleise wandeln, ging bald links, bald rechts, kurz und gut, ein recht unsicherer Kantonist . . .«

Das ist auch Karl Valentin, aber er ist ein Genie sui generis, er braucht nichts anderes und keinen anderen, er braucht nur sich, sein Hirn und die Au. Sein Geburtshaus befindet sich in der Zeppelinstraße 41. Ins Gästebuch des *Salvatorkellers* hat er geschrieben: »Blick ich von dieser Gipfelhöh / dann seh ich keinen Ammersee / nur den besoffenen Alise.« Weit fällt Karl Valentins dürrer Schatten in die Welt hinaus, führt quer durch eine literarische Avantgarde, um die er sich nicht kümmert, wohl aber im eigenen Kopf sich selbst gebärt als Spiegelbild einer absurden Welt und Wirklichkeit. Zwar immer die Münchner Vorstadtbrettl gleichsam als Schuhsohlen mit sich forttragend, entwickelt er sich zum genialen Gesamtkunstgestalter, dem Zeitgenossen wie Brecht, Feuchtwanger, Beckett, Rilke, Thomas Mann und andere geradezu huldigen. Dabei ist er selbst weder Leser noch Theatergänger. Thomas Mann schickt dem Nichtleser ein Buch und Karl Valentin schildert den Vorgang so:

»Da hat ma letzte Woch'n der Thomas Mann sein' neiesten Roman g'schickt – so a Trumm von am Buch! I' hab mi' a schön bedankt und hab eahm g'schrieb'n: ›Sehr geehrter Herr Dichter, es war mir eine besondere Ehre, daß Sie mir Ihr schönes Buch geschickt haben. Leider habe ich aber jetzt wenig Zeit zum Lesen … ich wäre Ihnen daher sehr verbunden, wenn Sie mir das neue Buch gegen ein *gelesenes* austauschen könnten.‹«

Seinem Bewunderer Brecht zuliebe besucht Valentin dessen *Trommeln in der Nacht* in den Münchner Kammerspielen, und wie er und Brecht und die Liesl Karlstadt nachher in der Wirtschaft beieinander hocken, wartet natürlich alles darauf, wie der Valentin den Brecht gefunden hat. Aber er sagt nichts, und es entsteht eine lange verlegene Pause in der Wirtschaft. Daß es ihm nicht gefallen hat, ist ohnehin schon klar, aber dann rückt er endlich wenigstens mit einer Teilwahrheit heraus: daß man bei solch modernen

Stücken den Zuschauer am Arm rütteln sollte und ihm sagen, daß das Stück aus ist.

Von Karl Valentin ist überliefert, daß er im Krieg beim Fliegeralarm, anstatt wie alle anderen in den Keller zu gehen, immer in den Himmel geschaut hat, wo die feindlichen Flieger mit ihren Bomben denn bleiben. Auf die Frage, was er denn die ganze Zeit in den Himmel schaut, soll er geantwortet haben: »Es wird ihnen doch nix passiert sein!« Immer schmaler wird bei ihm der ohnehin schon schmale Grat zwischen Wahngebilden der Dunkelheit und der Konstruktion einer Wirklichkeit, an die man im Prinzip vielleicht schon gern glauben möchte, die aber aus Prinzip als solche gar nicht besteht. Die Konstruktion von Wirklichkeit steht ihrer Dekonstruktion gegenüber, mit ihrem Aufbau ist zugleich ihr Abbruch verbunden. Ganze Orchester samt Instrumenten werden auf diese Weise zerlegt, im *Firmling* geht nicht nur die schöne neue Firmungsuhr in die Brüche, sondern am Ende auch das gesamte Mobiliar der Gastwirtschaft. Mit dem vollkommenen Desaster in der Kommunikation, das die Technik verursacht, zerfällt auch die gesellschaftliche Konstruktion der Wirklichkeit.

Am Schluß ist immer alles kaputt bei Valentin. Der Kampf gegen die eigene Ohnmacht führt nur zu perfekter Destruktion seiner Umwelt und seiner selbst und endet letztlich in tiefer Resignation. Es ist und bleibt alles »saudumm«. Mit Vernunft ist der Wirklichkeit nicht beizukommen, die Dinge haben ihre eigene Logik, und ihr nachzuspüren gehört zu Valentins Lebensprogramm. Ähnlich wie die Dadaisten versucht er nicht, der Welt einen Sinn zu geben, den sie nicht hat, sondern stellt sie gleich als sinnlos dar. In seiner Sprache, in seinem Körper, der gleichfalls nichts als Sprache ist, treffen sich Dadaismus, frühe expe-

Karl Valentin und Liesl Karlstadt

rimentelle Poesie und Sprachkritik sowie absurdes Theater als Gesamtkunstwerk aus Körper, Sprache und Chaos.

Das persönliche Weltende des Karl Valentin steht stets unmittelbar bevor: »Die Luft zitterte wie Schweinssulz, die Erde wühlte sich auf, die Vesuve speiten Honig und Sauerkraut. Nacht- und Tageulen, Junikäfer und Lämmergeier schwirrten gespensterartig auf dem Fußboden umher, panikartig zerplatzte ein alter Leberkäs, und am Ende des Vortrags trat plötzlich der Schluß ein.«

Ins Lehel und an der Isar entlang

[Zwölfter Spaziergang]

Selbst alteingesessene Münchner können endlos darüber debattieren, ob man den Namen des Stadtteils nun »Lechel« oder »Lehel« ausspricht. Wie auch immer: Der St.-Anna-Platz im Lehel jedenfalls ist ein regelrechter Haupt- und Ausgangsplatz für literarische Spaziergänger. Im Haus mit der Nummer 2 verbringt Lion Feuchtwanger seine Kindheit, eine Gedenktafel erinnert an ihn. Im selben Haus lebt nach dem Exil Fritz Kortner und im Haus Nummer 10 Georg Britting. Seine Frau und Gefährtin Ingeborg Schuldt-Britting hält die Erinnerungen an ihn und seinen Münchner Freundeskreis in *Sankt-Anna-Platz 10* fest.

Mit Feuchtwangers 1930 geschriebenem Roman *Erfolg* kann man regelrecht durch München wandern. Lion Feuchtwanger wird 1884 als erstes von neun Kindern geboren. In der orthodox jüdischen Familie wird gleichzeitig bairisch gesprochen; das ergibt eine andere Sicht der Dinge. 1922 veröffentlicht er den Roman *Jud Süß*, mit dem er zum Erfolgsschriftsteller wird, 1924 beginnt die gemeinsame Arbeit mit Brecht, 1925 folgt er diesem nach Berlin, der Druck der Nazis beginnt schon früh. 1930 schließlich erscheint *Erfolg. Drei Jahre Geschichte einer Provinz.*

Kreuz und quer geht es in seinem Roman *Erfolg* durch München, von der »Tiroler Weinstube«, in der sich Teile der Boheme treffen, bis zur Gaststätte »Gaisgarten«, wo die Partei eines gewissen Kutzner alias Hitler gegründet wird. Im Zentrum des Geschehens steht der »Fall Krüger«: dem Münchner Museumsdirektor Martin Krüger

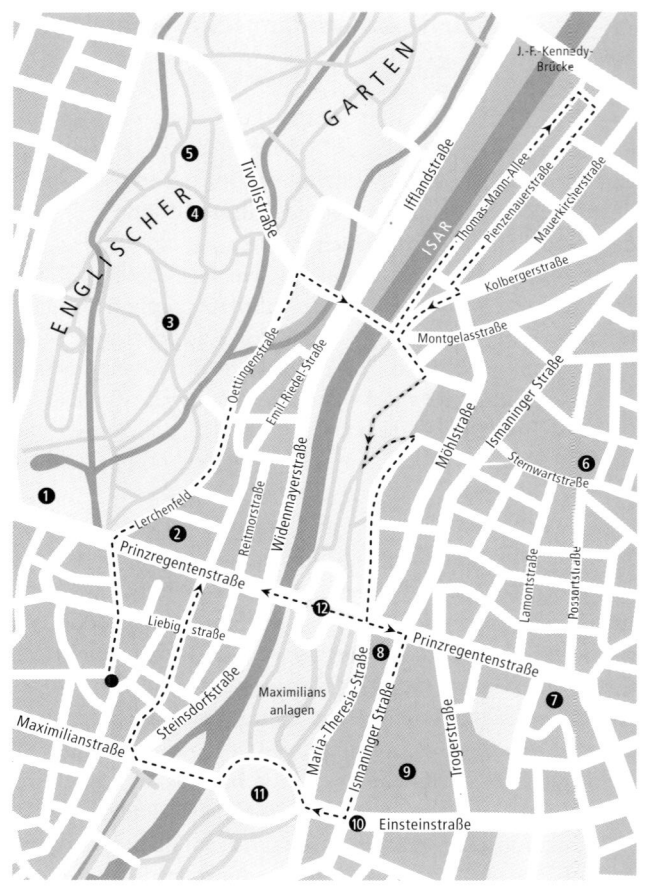

[1] **Haus der Kunst** [2] **Nationalmuseum** [3] **Monopterus** [4] **Chinesischer Turm** [5] **Rumford Schlößl** [6] **Sternwarte** [7] **Prinzregententheater** [8] **Villa Stuck** [9] **Krankenhaus rechts der Isar** [10] **Max-Weber-Platz** [11] **Maximilianeum Bayerischer Landtag** [12] **Friedensengel**

wird ein Meineidsprozess angehängt, weil er Kunstwerke angeschafft hat, welche von den Nazis als »entartet« denunziert werden. Zeugen werden gekauft, Krüger bekommt zwei Jahre Zuchthaus als Strafe, die Revision des Urteils kommt zu spät: am Morgen seiner Entlassung wird Krüger tot in seiner Zelle aufgefunden. Um diese Geschichte herum malt Feuchtwanger ein gewaltiges episches Gemälde aus, welches das München zwischen 1920 und 1924 in all seinen politischen, sozialen, wirtschaftlichen und kulturellen Verwerfungen zeigt: die Jahre der beginnenden nationalsozialistischen Bewegung, der Inflation und einer literarischen Münchner Szene, die sich zum vorerst letzten Mal noch einmal in solcher Weise konzentriert.

»Das Land Bayern«, schreibt Feuchtwanger, »ist der eigentliche Held meines Romanes.« Bald wird es halbwegs liebevoll, überwiegend jedoch eher ironisch beschrieben: »Das Land hatte Höhe und Weite, Berge, Seen, Flüsse. Seine Himmel waren bunt, seine Luft machte alle Farben frisch ... Die Bewohner des Landes waren seit alten Zeiten Ackerbauern, städtefeindlich. Sie liebten ihren Boden. Sie waren zäh und kräftig, scharf im Schauen, schwach im Urteil. Sie brauchten nicht viel; was sie hatten, hielten sie mit Händen., Zähnen, Füßen fest. Langsam, träge vom Denken, nicht willens, für die Zukunft zu schuften, hingen sie an behaglich derbem Genuß. Sie liebten das Gestern, waren zufrieden mit dem Heute, haßten das Morgen. Im übrigen lebte die Stadt sich selber, ein lautes, ungeniertes Leben im Fleisch und im Gemüt. Sie war zufrieden mit sich. Ihr Wahlspruch war: Bauen, brauen, sauen.«

Seit 1933 befinden sich die Feuchtwangers im Exil in Frankreich, von dort aus gelingt die Flucht über Spanien und Portugal in die USA. 1937 reist er nach Moskau und glaubt darauf die Ansicht vertreten zu müssen, daß Stalin Humor habe, ja daß er sogar über sich lachen könne. 1950 erhält er den Nationalpreis der DDR, 1957 den Literaturpreis der Stadt München, die aber gleich wieder Abstand von ihm nehmen muß, weil er im November desselben Jahres der Sowjetunion zum vierzigjährigen Jubiläum der Oktoberrevolution gratuliert.

Es führen gewiß nicht alle Wege nach München, aber von München aus führen seltsame Wege in die Ferne, der eine in eine Traumstadt nach Perle, der andere an den Pazifik – wieder andere nach Jerusalem wie der des ebenfalls bayerisch-jüdischen Schriftstellers Fritz Rosenthal alias Schalom Ben-Chorin, aufgewachsen in der Oettingenstraße 23, der als seine Heimat das Zweistromland zwischen Isar und Jordan angibt. Geboren 1913 in München, bairisch sprechend so gut wie alle Kinder im Stadtteil Lehel an der Isar, vertrieben aus München und sich fassungslos fragend: »Was ging in dieser Stadt vor sich, in der ich geboren war, in der meine Eltern und Großeltern lebten? Ein Teil unserer Mitbürger hatte sich aufgemacht – um uns zu erschlagen. Es war ganz unfaßbar«, ein »kalter Wind« sei es gewesen, der ihn an die Küste seiner Urheimat geblasen hatte, nach Jerusalem, so beschreibt er es in seinen Erinnerungen *Jugend an der Isar*. Dennoch dankt er ein Leben lang der Stadt seiner Herkunft, bleiben ihm doch Stefan Georges Verse Heimat:

> Mauern, wo geister noch zu wandern wagen,
> Boden vom doppelgift noch nicht verseucht:
> Du stadt von volk und jugend! heimat deucht
> Uns erst wo Unsrer Frauen türme ragen.

Englischer Garten: Chinesischer Turm

Über die Zinnen Zions leuchten Schalom Ben-Chorin bis ins Alter die Fixsterne seiner Jugend: Stefan George, Thomas Mann, Ernst Wiechert ...

Die Isar stellt als Flußlandschaft ein Biotop dar und ist von daher natürlich kein literarisch-topographischer Raum. Ohne Fahrrad ist ein Spaziergang an ihren Ufern eine veritable Wanderung. So möchte dieses Kapitel eher zu Abstechern aus Schwabing, dem Lehel oder der Innenstadt an die Isar einladen.

Hoch im Norden des Englischen Gartens liegt der *Aumeister*, eine beliebte Münchner Ausflugsgaststätte mit riesigem Biergarten. Lena Christ hat hier gearbeitet, und Thomas Mann glaubte, ein Heim abgelegen von der Stadt und in Einsamkeit gefunden zu haben. Peter de Mendelssohn nennt es in seiner Thomas-Mann-Biographie »buchstäblich das letzte Haus von München«. Im Jahr 1914 zog Thomas Mann mit seiner Familie von der Mauerkircherstraße 13 in die Poschingerstraße 1 um, jetzt Thomas-Mann-Allee 10. Ein gutes halbes Jahrhundert lang war infolge von Kriegszerstörungen von diesem Haus nicht mehr viel erkennbar; alle Versuche, eine Thomas-Mann-Gedächtnisstätte wie in Lübeck das *Buddenbrook-Haus* einzurichten, schlugen fehl – bis sich ein wohlhabender Mensch entschied, das Haus für seine privaten Zwecke wieder so zu errichten, wie es die Familie Mann einst bewohnte, ein Vorgang, der in bester Münchner Aufregungstradition die Gemüter erregte, natürlich, wie immer ohne Ergebnis. Für den Film *Die Manns* hat der Regisseur Heinrich Breloer es schon einmal als Kulisse aufbauen lassen, so daß der Zuschauer nunmehr für alle Zeiten wenigstens virtuell bei den Manns zu Hause sein darf.

In Thomas Manns Erzählung *Herr und Hund* ersteht

die Umgebung der vornehmen Villa. Der Herzogpark erscheint als »Landschaft am Fluß«, der man »trotz langer Vertrautheit nicht überdrüssig und sich ihrer Enge gar nicht bewußt wird«. Für eine kurze Zeit bietet der Herzogpark eine reale und die Erzählung eine geistige Zuflucht. Die Zeit aber, die folgt, wird Thomas Mann zur Arbeit am *Zauberberg* bewegen. In der Poschingerstraße entstehen große Teile dieses Romans, hier auch erfährt er die Nachricht von der Verleihung des Nobelpreises.

Zu seinem 50. Geburtstag am 6. Juni 1925 gibt sich die Stadt München alle Ehre; ohne Zweifel ist er der prominenteste Autor der Stadt. Zur Heimat einer deutsch-europäischen Klassik hätte sie werden können, vergleichbar einem Weimar zur Goethezeit. Thomas Mann hat selbst davon geträumt, ein »nicht ganz sinnentleerter Traum«, wie er meint, noch im Goethejahr 1932. Thomas Mann wäre sozusagen der Goethe dieses geistigen Münchens geworden, doch haben es die Nationalsozialisten geschafft, die Verbindung einer Stadt wie München mit einem großen Schriftsteller wie Thomas Mann zu zerstören.

Am 10. Februar 1933 hält Thomas Mann im Auditorium Maximum der Universität einen Vortrag zum 50. Todestag Richard Wagners, am nächsten Tag bricht er mit seiner Frau zu einer Vortragsreise ins Ausland auf – und kehrt nicht mehr zurück. In der Ausgabe vom 16./17. April der gleichgeschalteten *Münchner Neuesten Nachrichten* erscheint ein »Protest der Richard-Wagner-Stadt München«, unterzeichnet von insgesamt 45 Personen, die sich durch Thomas Manns Ausführungen beleidigt fühlen. Thomas Mann ist »erschüttert, hilflos, konsterniert«. In der Heimat droht ihm bei der Rückkehr Verfolgung und Haft. Das Haus in der Poschingerstraße wird in den Jahren von

1937 bis 1940 der NS-Einrichtung »Lebensborn« zugeschlagen.

Thomas Manns Urteile über München werden im Lauf des Krieges immer erbarmungsloser. Er gönnt »diesem dummen Nest« die Bombardements (Tagebuch-Eintrag vom 16. August 1940), auch in ihrer gesteigerten Form: »Der alberne Platz hat es geschichtlich verdient« (20. September 1942). 1944 wird auch das Haus in der Poschingerstraße bei einem Fliegerangriff weitgehend zerstört.

Zweimal kommt Thomas Mann nach dem Krieg nach München, im August 1949 und im Oktober 1952. Am 8. Juni 1955 bedankt er sich beim Münchner Oberbürgermeister für die Glückwünsche zum 80. Geburtstag in den für ihn so typisch wohlgesetzten Sätzen, welche eine Fassade um seine widersprüchlichen Empfindungen errichten:

»Ich bin ja München, wo ich die Hälfte meines Lebens verbrachte, von Herzen zugetan, und nie habe ich Ihrer Stadt gegrollt, auch zu Zeiten nicht, wo mir Böses kam von dort, denn ich wußte wohl, daß es nicht das wahre und eigentliche München, nicht sein ewiger, unzerstörbarer Genius loci war, von dem es mir kam. Ich versichere Sie: Wann immer ich Münchner Laute höre, Münchner Tonfall, wird es mir warm ums Herz, und allen Leuten sage ich: Es ist doch merkwürdig, seit ich zurück von drüben, habe ich doch eine ganze Anzahl deutscher Städte gesehen und wiedergesehen, aber wo ich mich am wohlsten fühle, das war München.« Thomas Manns Grab jedenfalls liegt nicht in München.

Der nahe gelegene Alte Friedhof Bogenhausen erzählt eine Geschichte der Münchner Literatur. Hier findet sich beste bayerische Gesellschaft: Liesl Karlstadt, Oskar Ma-

Friedensengel

ria Graf, Erich Kästner, der nicht wollte, daß Graf mit der Lederhose im Cuvilliés-Theater auftritt, aber jetzt verstehen sie sich alle wieder; Fassbinder hat ja auch eine Lederhose getragen, allerdings in Schwarz und ohne Trachtenschmuck. Schließlich gibt es auch noch den Bierbrauer Schneider, Schöpfer der legendären »Schneider Weisse«, in der Nachbarschaft auf dem Friedhof, und dann noch so grundgute altbairische Erzähler wie Wilhelm Diess oder Hausenstein, auch wenn dieser ein Badenser war. Zuletzt ist noch der Monaco Franze hinzugekommen – für Unterhaltung ist also gesorgt.

Annette Kolbs letzte Wohnung liegt ganz in der Nähe des Alten Friedhofs. Ihr Geburtshaus steht in der Sophienstraße 7, nach vielen Ortswechseln und ihrer Emigration kehrt sie 1946 nach München zurück, ab 1961 wohnt sie in der Händelstraße 1, ihr Grab findet sich auch auf dem Alten Friedhof Bogenhausen.

Zeitlebens »Fräulein« geblieben, schrieb sie Romane wie *Daphne Herbst* (1928) und *Die Schaukel* (1934), die das Münchner Salonleben ihrer Jugend schildern. Mit den »Lautenschlags« in der *Schaukel* ist ihre eigene Familie abgebildet. Der Roman setzt mit einer Notiz über den Brand des Glaspalastes im Alten Botanischen Garten ein. *Daphne Herbst* beginnt in der engen Dreizimmerwohnung von »La baronne Zénaide de Waldmann« in der »Äußeren Schellingstraße 15. Rgb. III. Stock«, in der sich eine reichlich dekadente Runde tratschender Frauenzimmer einfindet. Auch in diesem Buch gibt es eines dieser apokalyptischen Bilder der Stadt München, wie sie in der Literatur über diese Stadt immer wieder auftauchen. Geschildert wird die Ankunft der Titelheldin Daphne Herbst mit dem Zug aus Wien: Der Tag »blaute noch, als der Orientexpreß über die Großhesseloher Brücke stob und Daphne Herbst, die auf ihrem Fensterplatz dem Vater gegenübersaß, die Scheibe schnell herabließ. Unten floß tief ergrünt die Isar. Von den Alpen fast bedrohlich umzackt, lag die Stadt am Rande eines Horizontes, der sie in Glut und Schwefel badete. Herrliches Gewölk jagte wild aufgeregt dahin, im Lichte den Sturm ausrufend. Ein Bild des Abschieds, nicht des Willkomms, zuckte vorüber, vom Walde alsbald überholt.« Zwar sind Vater und Tochter vom Bruder Franz »gegenüber dem Hotel Regina in einem Hause, welches die Ecke der Max-Joseph-Straße und des Maximiliansplatzes bildet«, untergebracht, doch das Naturbild zu Beginn des Romans wirft seine Schatten voraus. Die zarte Daphne Herbst wird den gröberen Usancen der Münchner Gesellschaft nicht gewachsen sein.

Zu Kolbs Bekanntschaftskreis zählen Rilke und Thomas Mann, der sie im *Doktor Faustus* wenig freundlich als Jeanette Scheurl auftauchen läßt: »Von mondäner Häßlichkeit, mit elegantem Schafsgesicht.« Zu ihren Gesprächspartnern gehört auch der Bildhauer Adolf von Hildebrand (1847-1921), der in seinem Atelier- und Wohnhaus Kunst und Leben zu einer Einheit zusammenfügte. Hildebrand ist ebenfalls einer jener Künstler, die italienisches Flair nach München brachten. Die Stadt verdankt ihm unter anderem den Wittelsbacher Brunnen am Lenbachplatz, den Vater Rhein-Brunnen gegenüber dem Deutschen Museum und den Hubertusbrunnen am Nymphenburger Kanal.

Hildebrands Villa mit dem Atelier ist die heutige *Monacensia*, das Literaturarchiv der Stadt München. Es pflegt als literarisches Gedächtnis den Dialog zwischen Vergangenheit und Gegenwart mit Ausstellungen und eigener

Buchreihe. 1921 von Hans Ludwig Held gegründet, seit 1977 in der Maria-Theresia-Straße 23, bewahrt sie große Handschriften- und Nachlaßsammlungen auf, z. B. von Oskar Maria Graf, Annette Kolb, Erika und Klaus Mann, Franziska zu Reventlow, Josef Ruederer, Ludwig Thoma, Frank Wedekind u. a. Auch der Schreibtisch von Oskar Maria Graf, den seine Witwe Gisela Graf aus New York zum 90. Geburtstag gestiftet hat, steht seit Juli 1984 dort, gar nicht so weit vom Grab seines einstigen Meisters entfernt – die Smith-Corona-Schreibmaschine voll intakt, mit Postkarten aus Oberbayern und wichtigen Telefonnummern, etwa von seinem Stammlokal, der *Blauen Donau* oder seinem Freund Kirchmair in New Jersey.

Um »Gedächtnis und Erinnerung« geht es der *Monacensia*, deren Leiterin Elisabeth Tworek einen besonderen Weg gefunden hat, das Archiv als Gedächtnis zur lebenden Erinnerung werden zu lassen: durch Veranstaltungen, durch Ausstellungen und durch eine eigene Publikationsreihe, in der z. B. Schriftstellerinnen in München in den Jahren zwischen 1860 und 1960 zu Wort kommen: Lena Christ, Emmy Hennings, Annette Kolb, Marieluise Fleißer, Oda Schäfer, Regina Ullmann, Grete Weil, Liesl Karlstadt und andere.

Wolfgang Kehr und Ernst Rebel stellen den Bezug dieses Hauses her mit der Person und dem Werk des Bildhauers Adolf von Hildebrand. Hildebrands Villa gegenüber, in den Maximiliansanlagen, ist jetzt der Brunnen, der einmal in Ruederers Garten gestanden ist, ohne jeden erkennbaren Bezug aufgestellt worden, ohne Bildnis von Ruederer oder Hinweis auf ihn – auch das ist wieder so typisch für die Rezeption beziehungsweise eben Nicht-Rezeption eines hervorragenden Münchner Schriftstellers, den die Münch-

Englischer Garten

ner nicht hochkommen lassen, zu Lebzeiten nicht, und nach seinem Tod auch nicht.

Die Villa des Franz von Stuck in der Prinzregentenstraße ist in den Jahren 1897/98 erbaut, morbid und vital – wieder so etwas, was eigentlich nicht geht, düster und hell in einem. Von Stucks Gemälde *Die Sünde* ist schon am Anfang dieses Reisebegleiters die Rede. »Auf die Haar- und Schlangennacht« starrten alle, so beschreibt es Carossa in *Das Jahr der schönen Täuschungen*, auf eine »Haar- und Schlangennacht, die von dem blassen Frauenleib nicht allzuviel sehen ließ. Das beschattete Gesicht mit dem bläulichen Weiß der dunklen Augen trat mir anfangs zurück hinter dem Eisenglanz der angeschmiegten Schlange, ihrem bösen, schön entworfenen Kopf und der matten Rautenzeichnung des Rückens, über den eine silberblaue Linie zog wie eine Naht. In Düsternis und Blässe schwebte das ganze Bild.«

Die Prinzregentenstraße wäre natürlich allein schon ein Thema, sie entspricht genau dem Kunstverständnis der Zeit von Luitpold, der sich Prinzregent nennt, weil eigentlich Otto König gewesen wäre, Bruder von Ludwig II. Es ist die Zeit, in der das Prinzregententheater entsteht, die Maler Lenbach, Kaulbach, Leibl und Stuck sich in München zu Hause fühlen, und auch schon Kandinsky und Franz Marc, die Komponisten Richard Strauss und Max Reger, all die Schriftsteller, von denen schon die Rede war.

Ein kurzer Gang die Prinzregentenstraße hinunter über die Isar führt zur Wohnung Wedekinds im Haus Nummer 50. Hier verabschiedet er sich am 23. Februar 1918 von seiner Tilly:

Du bist jung, und dein Herzblut wallt
Mächtig dem Glück entgegen.
Keinem grämlichen Aufenthalt
Widme dich meinetwegen.
Tilly gib mir noch einen Kuß
Es kommt ja doch, wie es kommen muß.

Am 9. März stirbt Wedekind. Auf der Stele seines Grabes auf dem Waldfriedhof umkurvt ein Pegasus die goldene Weltkugel.

Wieder zurück, auf der rechten Seite der Isar findet sich die frühere Bleibe Michael Georg Conrads in der Ismaninger Straße 68, später in der Steinsdorfstraße 7, in unmittelbarer Nachbarschaft von Ganghofer, mit dem er gut bekannt ist. Conrad gehört wie Halbe, Bierbaum und andere Autoren, welche seinerzeit den Zeitgeist geradezu verkörperten, zu den fast Vergessenen. Die Münchner Gesellschaft will er in einem groß angelegten Romanprojekt charakterisieren: *Was die Isar rauscht* und *Die klugen Jungfrauen* erscheinen zwar, aber er kann das Werk nicht vollenden.

Kaum jemand wird in der Ismaninger Straße an Bram Stokers weltberühmten Roman *Dracula* denken. Das erste Kapitel beginnt aber mit der kurzen Notiz »Habe München am 1. Mai, 8.35 abends, verlassen«. Ursprünglich ist der Text, der in München spielt, viel länger, allerdings wurde er nicht in die endgültige Ausgabe aufgenommen, sondern kam als eigene Kurzgeschichte heraus. Jonathan Harker, der jugendliche Held des Romans, entschließt sich zu einer Spazierfahrt mit einer Kutsche, die vom Hotel *Vier Jahreszeiten* in der Maximilianstraße zum Friedhof eines verlassenen Dorfes hinausführt, »aber immer wieder schienen die Pferde ihre Köpfe zurückzuwerfen und mißtrau-

Englischer Garten: Monopterus

isch zu schnuppern«. Über die Isar und die Ismaninger Straße hinweg geht es am Haidhauser Friedhof vorbei Richtung Berg am Laim, in dessen Nähe ein schon lang verschwundenes Dorf mit dem Namen »Pachem« in einer regelrechten Nacht der lebenden Toten wiederaufersteht. Bei Stoker ist dieses Dorf natürlich von Vampiren ausgelöscht worden – Vorgriff auf Graf Draculas Schloß in Transsylvanien ...

Auf ein seltsames Denkmal stößt man noch während dieses Spaziergangs zwischen Friedensengel und Maximilianeum, es ist nicht gleich klar, daß es König Ludwig II. zugedacht ist. Als 16jähriger, am 2. Februar 1861, zwei Jahre vor dem Zusammentreffen mit Bismarck, hat der spätere König sein eigentliches Erleuchtungserlebnis: Er hört zum erstenmal die Musik, die sein ganzes Leben verändert, die Wagner-Oper *Lohengrin*. Kaum König geworden, ist eine seiner ersten Amtshandlungen, Richard Wagner nach München zu bringen. Am 4. Mai 1864 ist es soweit: Der König steht vor seinem Komponisten, der Komponist vor seinem König. Dem Komponisten schwant freilich, bei aller Freude, gleich Unheimliches: »Er ist leider so schön und geistvoll, seelenvoll und herrlich, daß ich fürchte, sein Leben müsse wie ein flüchtiger Göttertraum in dieser gemeinen Welt zerrinnen ... Wenn er nur leben bleibt; er ist ein so unerhörtes Wunder!«

Die Münchner sind anderer Meinung, was Wagner betrifft. Die Stimmung gegen Wagner läßt Ludwigs eigenes ohnehin nicht positiv ausgeprägtes Verhältnis zu München für immer abkühlen. Von Ludwig II. 1864 berufen, muß Wagner ein Jahr später die Stadt bereits wieder verlassen. Zwischen 1865 und 1870 gibt es im Nationaltheater Uraufführungen der Opern *Tristan und Isolde*, *Die Meister-*

singer von Nürnberg, *Rheingold* und *Walküre*. Ein Denkmal findet sich in der äußeren Prinzregentenstraße, in den Anlagen seitlich des Prinzregententheaters, das lange Jahre als Richard-Wagner-Festspielhaus diente; eine Gedenktafel erinnert an ihn in der Brienner Straße 22; das ist alles.

Das Maximilianeum nimmt den Bayerischen Landtag als Gast auf, zugedacht ist das Gebäude von König Max II. jedoch den bayerischen Studenten mit den besten Schulabschlüssen. Literarisch am eindrucksvollsten hat Ludwig Thoma das Innenleben eines bayerischen Abgeordneten beschrieben: in den von 1908 bis 1914 erschienenen *Filserbriefen*, Briefen eines bayerischen Abgeordneten mit unverwechselbar bairischem, weil aber ins vermeintlich Hochsprachliche transponiert, falschdeutschem Ton. Der erste Brief geht an seine Frau Mari Filser, nunmehr »kenigl. Abgeornetensgahtin«, die in Mingharding geblieben ist, die »Post« ist »daselbst«. Klüngelwirtschaft, Eigeninteresse und schonungslose Ausnutzung der Mehrheitsverhältnisse gehen eine untrennbare Einheit in diesem »Barlahmend« ein, daß man unwillkürlich geneigt ist, an bestehende Verhältnisse zu denken.

Wer noch weiter die Isar entlangwandern will, hat einen weiten Weg vor sich. Kurz sei noch auf Grete Weil verwiesen, die in Grünwald u. a. ihre Lebenserinnerungen *Leb ich denn, wenn andere leben* schrieb, in denen auch eine Begegnung mit Hitler im Gärtnerplatztheater im November 1932 geschildert wird.

Von Grünwald aus spaziert Ernst Bloch laut Tagebucheintrag vom 17. Juni 1921 über Baierbrunn (wo er seine im Januar verstorbene Frau Else kennengelernt hat) nach Schäftlarn, »zur Bank, wo ich zum ersten Mal geküßt hatt«. Ernst Bloch hat die Urgründe seiner Philosophie im Isartal gefunden, seine große Utopie Hoffnung, die in die Heimat mündet. Besser kann man Sehnsucht nach einem neu zu definierenden »Heimat«-Begriff nicht umschreiben, als mit den berühmten Schlußzeilen aus Blochs *Prinzip Hoffnung*: »Die Wurzel der Geschichte aber ist der arbeitende, schaffende, die Gegebenheiten umbildende und überholende Mensch. Hat er sich erfaßt und das Seine ohne Entäußerung und Entfremdung in realer Demokratie begründet, so entsteht in der Welt etwas, das allen in die Kindheit scheint und worin noch niemand war: Heimat.«

Nach den Spaziergängen

Selbst einem aus München Vertriebenen wie Fritz Rosenthal alias Schalom Ben-Chorin bleibt die »Symphonie der heimatlichen Glocken« seine Lebensmelodie, auch wenn in Jerusalem andere »Urtöne« zu hören sind, der Ruf des Muezzins, »das weltalte Schmettern des Widderhorns an der Klagemauer«. Doch nur, wer »das Lied, die Symphonie der heimatlichen Glocken so kennt (oder kannte)«, der scheint ihm dazuzugehören, »so sehr es ihm bestritten sein mochte,« und so sehr er weiß, »daß den Christen nie über den Weg zu trauen« ist. Er zählt die Glockenklänge auf, die ihm nicht mehr aus dem Ohr gehen: »Das Dröhnen vom Dom der Frauenkirche, der Ruf von St. Peter und von Heilig Geist . . . der Klang der barocken Theatinerkirche.«

Es sind die Glocken der Kirchen, die den Münchnern in der Fremde nachklingen, den jüdischen, den kommunistischen Bürgern ebensosehr wie den christlichen. Johannes R. Becher feiert in einer »Anrede« zu seinem – im inzwischen in Starnberg ansässigen Bachmair Verlag – 1946 herausgegebenen Lyrikband *München in meinem Gedicht* geradezu emphatisch seine Heimatliebe:

»Oktoberfest: du wahrer Volkshimmel auf Erden; Pinakothek, wo sich mir das erste Mal das Wunder der Kunst offenbarte; Sendlinger Kirche, wo mir das Bild vom Kochelschmied heroisches Freiheitsbegehren so eindringlich darstellte, und an der Michaelskirche war das Ringen des St. Michael mit dem Drachen, worin sich der Kampf des Guten mit dem Ungeheuer der Finsternis versinnbildlichte; Fronleichnamsprozession mit Hartschieren und knienden

Spalieren . . . München, die Glocken deiner Türme klangen
mir ein unendliches Jahrzwölft lang aus dem Traum in den
Tag nach . . . Du, mein über alles geliebtes München, Dank
dir! Auf Wiedersehen!«

Bibliographie

Achternbusch, Herbert: Hülle. Zigarettenverkäufer. Rita. Suhrkamp Verlag Frankfurt am Main 1969.

Amery, Carl: Der Untergang der Stadt Passau. Heyne Verlag, München 1975.

Andersch, Alfred: Die Kirschen der Freiheit. Diogenes Verlag, Zürich 1971.

Andersch, Alfred: Vater eines Mörders. Diogenes Verlag, Zürich 1980.

Andersen, Hans Christian: Eines Dichters Basar. Herausgegeben von Gisela Perlet. Gustav Kiepenheuer Verlag, Weimar 1973.

Andreas-Salomé, Lou: Lebensrückblick. Grundriß einiger Lebenserinnerungen. Insel Verlag Frankfurt am Main 1974.

Baader, Franz Xaver von: Sämtliche Werke. Leipzig 1851-1860.

Bäthe, Kristian: Wer wohnte wo in Schwabing. Wegweiser für Schwabinger Spaziergänge. Süddeutscher Verlag, München 1965.

Banholzer, Paula: So viel wie eine Liebe. Goldmann Verlag, München 1981.

Becher, Johannes R.: Gesammelte Werke. 18 Bände. Herausgegeben vom Johannes-R.-Becher-Archiv der Deutschen Akademie der Künste zu Berlin. Band 4: Gedichte 1936-1941. © Aufbau Verlagsgruppe GmbH, Berlin 1966 (das Werk erschien erstmals 1966 im Aufbau-Verlag; Aufbau ist eine Marke der Aufbau Verlagsgruppe GmbH).

Carossa, Hans: Das Jahr der schönen Täuschungen. Insel Verlag Leipzig 1941.

Christ, Lena: Erinnerungen einer Überflüssigen. Albert Langen Verlag, München 1912.

Conrad, Michael Georg: Was die Isar rauscht. Leipzig 1888.

Derleth, Ludwig: Das Werk. Band 1. Verlag Hinter und Deelmann, Bellnhausen über Gladenbach 1971.

Elze, Miriam: Väterchen Timofej. Eine Annäherung. Buchendorfer Verlag, München 2004.

Ende, Michael: Das große Michael-Ende-Lesebuch. Piper Verlag, München 2004.

Fleißer, Marieluise: Abenteuer aus dem Englischen Garten. Suhrkamp Verlag Frankfurt am Main 1969.

Feuchtwanger, Lion: Erfolg. Drei Jahre Geschichte einer Provinz. Roman. © Aufbau Verlagsgruppe GmbH, Berlin 1948 (das Werk erschien erstmals 1948 im Aufbau-Verlag; Aufbau ist eine Marke der Aufbau Verlagsgruppe GmbH).

Ganghofer, Ludwig: Lebenslauf eines Optimisten. Droemer Verlag, München 1953.

Göpfert, Günter: Das Schicksal der Lena Christ. Süddeutscher Verlag, München 1971.

Goethe, Johann Wolfgang: Tagebuch der Italienischen Reise 1786. Notizen und Briefe aus Italien. Insel Verlag Frankfurt am Main 1976.

Graf, Oskar Maria: Werkausgabe. Herausgegeben von Wilfried F. Schoeller. © Paul List Verlag, München 1994.

Graßl, Hans: Die Münchner Romantik. In: Von der Aufklärung zur Romantik. Geistige Strömungen in München. Pustet Verlag, Regensburg 1984.

Halbe, Max: Jahrhundertwende. Erinnerungen an eine Epoche. Langen Müller Verlag, München/Wien 1976.

Hebbel, Friedrich: Eine Autobiographie nach Tagebüchern und Briefen. Herausgegeben von Willibald Klinke. Manesse Verlag, Zürich 1945.

Heine, Heinrich: Werke. Insel Verlag Frankfurt am Main 1968.

Herzog, Werner: Vom Gehen im Eis. Carl Hanser Verlag, München 1978.

Hoffmann, Werner: Clemens Brentano. Leben und Werk. Francke Verlag, München/Bern 1966.

Horváth, Ödön von: Gesammelte Werke. Kommentierte Werkausgabe in 14 Bänden. Suhrkamp Verlag Frankfurt am Main 2001.

Jahn, Friedrich: Ein Leben für den Wienerwald. Vom Kellner zum Millionär – und zurück. Selbstverlag, München 1993.

Jung, Franz: Der Torpedokäfer. Luchterhand Verlag, Neuwied und Berlin 1972.

Kästner, Erich: Das doppelte Lottchen. Atrium Verlag, Zürich 1949.

Kastner, Wolfram: Wie Gras über die Geschichte wächst. A-1-Verlag, München 1995.

Keller, Gottfried: Der grüne Heinrich. Insel Verlag Frankfurt am Main und Leipzig 2003.

Koeppen, Wolfgang: Tauben im Gras. Suhrkamp Verlag Frankfurt am Main 1974.

Kolb, Annette: Daphne Herbst. Suhrkamp Verlag Frankfurt am Main 1997.

Kolb, Annette: Die Schaukel. S. Fischer Verlag, Berlin 1934.

Kolbenhoff, Walter: Schellingstraße 48. S. Fischer Verlag, Frankfurt am Main 1984.

Kubin, Alfred: Die andere Seite. Georg Müller Verlag, München 1928.

Kühn, August: Zeit zum Aufstehn. S. Fischer Verlag, Frankfurt am Main 1975.

Lenz, Hermann: Neue Zeit. Insel Verlag Frankfurt am Main 1978.

Lessing, Theodor: Einmal und nie wieder. Lebenserinnerungen. Verlag Heinrich Mercy Sohn, Prag 1935.

Mann, Klaus: Der Wendepunkt. Rowohlt Verlag, Reinbek bei Hamburg 1984.

Mann, Thomas: Gesammelte Werke. © S. Fischer Verlag GmbH, Frankfurt am Main 1980-1986.

Mann, Viktor: Wir waren fünf. Bildnis der Familie Mann. S. Fischer Verlag, Frankfurt am Main 1976.

Meyer, Claus Heinrich: Die begehbare Frau. Kunstmann Verlag, München 1992.

Meyer-Leviné, Rosa: Leviné – Leben und Tod eines Revolutionärs. Carl Hanser Verlag, München 1972.

Meyrink, Gustav: Der Golem. Kurt Wolff Verlag, Leipzig 1916.

Mühsam, Erich: Namen und Menschen. Unpolitische Erinnerungen. Verlag Klaus Guhl, Berlin 1977.

Panizza, Oskar: Das Liebeskonzil. Zürich 1897.

Penzoldt, Ernst: Gesammelte Schriften in sieben Bänden. Suhrkamp Verlag Frankfurt am Main 1992.

Piontek, Heinz: Die mittleren Jahre. Schneekluth Verlag, München 1969.

Regler, Gustav: Das Ohr des Malchus. Eine Lebensgeschichte. © 1958, 1985 by Verlag Kiepenheuer & Witsch, Köln.

Reventlow, Franziska Gräfin zu: Gesammelte Werke. Albert Langen Verlag, München 1925.

Rilke, Rainer Maria: Duineser Elegien. Insel Verlag Frankfurt am Main 1974.

Rosendorfer, Herbert: Großes Solo für Anton. © Nymphenburger in der F. A. Herbig Verlagsbuchhandlung GmbH, München 1999.

Rosendorfer, Herbert: Briefe in die chinesische Vergangenheit. Nymphenburger Verlagshandlung, München 1983.

Ruederer, Josef: Werkausgabe in fünf Bänden. Süddeutscher Verlag, München 1987.

Seidel, Ina: Brentano. Cotta, Stuttgart 1944.

Sommer, Sigi: Ein Jahr geht durch die Stadt. Kurt Desch Verlag, Wien/München/Basel 1962.

Spindler, Max: Erbe und Verpflichtung. Verlag C. H. Beck, München 1966.

Stoker, Bram: Dracula. Carl Hanser Verlag, München 1967.

Thoma, Ludwig: Gesammelte Werke. Albert Langen Verlag, München 1922.

Toller, Ernst: Eine Jugend in Deutschland. Rowohlt Verlag, Reinbek bei Hamburg 1963.

Traxler, Hans: Das neue Roda Roda Buch. Paul Zsolnay Verlag, Wien 1999.

Valentin, Karl: Sämtliche Werke. Piper Verlag, München/Zürich 1997.

Vring, Georg von der: Gesang im Schnee. © Langen Müller in der F. A. Herbig Verlagsbuchhandlung GmbH, München 1967.

Wedekind, Frank: Werke in zwei Bänden. Winkler Verlag, München 1990.

Westenrieder, Lorenz: Beschreibung der Haupt- und Residenzstadt München. Strobl Verlag, München 1783.

Wiechert, Ernst: Rede an die deutsche Jugend 1945. Kurt Desch Verlag, München 1945.

Wolfe, Thomas: Briefe. Rowohlt Verlag, Reinbek bei Hamburg 1961.

Serviceteil

Museen und Galerien

Alte Pinakothek · Barer Str. 27 · 80799 München · Tel.: 089/23805-216 · ⟨info@pinakothek.de⟩ · täglich außer Mo. 10-17 Uhr · Di. bis 20 Uhr

Galerie im Lenbachhaus und Kunstbau · Luisenstraße 33 · 80333 München · Tel. 089/233320-00 · ⟨lenbachhaus@muenchen.de⟩ · Di-So 10.00-18.00 Uhr

Glyptothek · Königsplatz 3 · 80333 München · Tel. 089/286100 · ⟨info@antike-am-koenigsplatz.mwn.de⟩ · Di-So. 10-17 Uhr, Do. 10-20 Uhr

Haus der Kunst · Prinzregentenstraße 1 · 80538 München · Tel. 089/21127113 · ⟨mail@hausderkunst.de⟩ · Mo-So: 10-20 Uhr, Do: 10-22 Uhr

Kunsthalle der Hypo-Kulturstiftung · Theatinerstraße 8 · 80333 München · Tel. 089/224412 · ⟨kontakt@hypo-kunsthalle.de⟩ · tägl. 10-20 Uhr

Neue Pinakothek · Barer Str. 29 · 80799 München · Tel. 089/23805195 · ⟨info@pinakothek.de⟩ · tägl außer Di. 10-17 Uhr, Mi bis 20 Uhr

Pinakothek der Moderne · Barer Str. 40 · 80333 München · Tel. 089/23805360 · ⟨info@pinakothek.de⟩ · Di-So: 10-17 Uhr, Do,Fr -20 Uhr

Schack-Galerie · Prinzregentenstr. 9 · 80538 München · Tel. 089/23805224 · ⟨info@pinakothek.de⟩ · Mi-So: 10-17 Uhr

Münchner Stadtmuseum · St.-Jakobs-Platz 1 · 80331 München · Tel. 089/233-22370 · ⟨stadtmuseum@muenchen.de⟩ · Di-So: 10-18 Uhr

Museum Villa Stuck · Prinzregentenstr. 60 · 81675 München · Tel. 089/45555-10 · ⟨villastuck@muenchen.de⟩ · Mi- So 11-18 Uhr

Schloß Blutenburg · Internationale Jugendbibliothek, Erich-Kästner-Gedenkstätte, Michael-Ende-Museum · Seldweg 15 · 81247 München · Tel. 089/17908-0 · ⟨sgvnymphenburg@bsv.bayern.de⟩ · Apr.-Sept. 9-17 Uhr, Okt.-März 10-16 Uhr

  Literaturhaus München · Salvatorplatz 1 · 80333 München · Tel. 089/291934-0

  Monacensia · Literaturarchiv und Bibliothek · Maria-Theresia-Straße 23 · 81675 München · Tel. 089/419472-0 · Mo-Mi 9-17 Uhr, Di 10-19 Uhr, Fr 9-15 Uhr

  Valentinmusäum · 80331 München · Tel.089/223266 · ⟨info@valentin-musaeum.de⟩ · Mo, Di 11.01-17.29 Uhr, Fr, Sa. 11.01-17.59 Uhr, So 10.01-17.59 Uhr

Parks und Friedhöfe

Englischer Garten · Größter Stadtpark der Welt, ganzjährig geöffnet

  Schloß Nymphenburg · 80638 München · mit Amalien-, Baden-, Pagodenburg, Magdalenenklause, Schönheitsgalerie · Tel. 089/17908-0 · ⟨sgvnymphenburg@bsv.bayern.de⟩ · Apr.-15. Okt. 9-18, 16. Okt.-März 10-16 Uhr

  Schloß Schleißheim · Max-Emanuel-Platz 1 · 85764 Oberschleißheim · Tel.: 089/3155272 · Apr.-Sept. 9-18 Uhr, Okt.-März 10-16 Uhr

Friedhöfe

Alter Südlicher Friedhof · Thalkirchner Straße 17 · 80331 München

  Alter Nordfriedhof · Arcisstraße 45 · 80799 München

  Bogenhauser Friedhof St. Georg · Bogenhauser Kirchplatz 1 · 80675 München

  Ostfriedhof · St.-Martins-Platz 1 · 81541 München

  Waldfriedhof-Alter Teil · Fürstenrieder Straße 288 · 81377 München

  Westfriedhof · Baldurstraße 28 · 80637 München

  Alle Friedhöfe sind geöffnet: Okt-Febr. 8-17 Uhr, März u. Sept. 8-18 Uhr, Apr.-August 8-19 Uhr

Literarisch bedeutsame Cafés und Gaststätten (Auswahl)

Café Altschwabing · Schellingstraße 56 · 80799 München · Tel. 089-2731022

Café Dukatz im Literaturhaus · Salvatorplatz 1 · 80333 München · Tel. 089-2919600

Café Luitpold · Briennerstraße 11 · 80333 München · Tel. 089-2428750

Café Stephanie (unter verschiedenen Namen fortgeführt) · Amalienstr. 25 · 80779 München · Tel. 089-28755875

Café Luigi Tambosi am Hofgarten · Odeonsplatz 18 · 80539 München · Tel. 089-298322

Alter Simpl · Türkenstraße 57 · 80799 München · Tel. 089-2723083

Schelling Salon · Schellingstraße 54 · 80799 München · Tel. 089-2720788

Weißes Bräuhaus/Schneider Weisse · Tal 7 · 80331 München · Tel. 089-299875

Bildnachweis

Angelika Dacqmine, Berlin: 4, 8, 13, 16, 17, 20, 28, 33, 37, 41, 45, 49, 52, 61, 64, 72, 76, 101, 121, 125, 140, 141, 161, 168, 172, 185, 189, 193, 196, 201

Fotomuseum im Münchner Stadtmuseum, München: 76

Jupiterimages: 116 (Heinz Koch), 156 (Walsch)

Robert-Walser-Archiv der Carl-Seelig-Stiftung, Zürich: 95

Suhrkamp Verlag, Frankfurt am Main: 65

Ullsteinbild, Berlin: 18

VG Bild-Kunst, Bonn 2008: 40

Umschlag: © Jupiterimages/IFA/Fuste Raga

Der Autor dankt der Münchner Touristik GmbH.

Literarische Reisebegleiter
im insel taschenbuch
Eine Auswahl

Städte

Bayreuth. Ein literarisches Porträt. Herausgegeben von Frank Piontek und Joachim Schultz. Mit zahlreichen Abbildungen. it 1830. 208 Seiten

Mit Brecht durch Berlin. Ein literarischer Reiseführer. Von Michael Bienert. Mit zahlreichen Fotografien. it 2169. 271 Seiten

Literarischer Führer Berlin. Von Fred Oberhauser und Nicole Henneberg. Mit zahlreichen Abbildungen, Karten und Registern. it 2177. 517 Seiten

Bremen. Literarische Spaziergänge. Von Johann-Günther König. Mit farbigen Fotografien. it 2621. 272 Seiten

Budapest. Ein literarisches Porträt. Herausgegeben von Wilhelm Droste, Susanne Scherrer und Kristin Schwamm. Mit zahlreichen Fotografien. it 1801. 283 Seiten

Chicago. Porträt einer Stadt. Herausgegeben von Johann Norbert Schmidt und Hans Peter Rodenberg. Mit farbigen Fotografien. it 3032. 330 Seiten

Dresden. Ein Reisebuch. Herausgegeben von Katrin Nitzschke unter Mitarbeit von Reinhardt Eigenwill. Mit zahlreichen Abbildungen. it 1365. 294 Seiten

Dublin. Ein Reisebegleiter. Von Hans-Christian Oeser. Mit farbigen Fotografien. it 3114. 220 Seiten

NF 31/1/10.07

NF 31/2/10.07

Mit Proust durch Paris. Von Rainer Moritz. Mit zahlreichen Fotografien. it 2992. 160 Seiten.

Potsdam. Literarische Spaziergänge. Von Jochen R. Klicker. Mit farbigen Fotografien. it 2926. 416 Seiten

Mit Marie Luise Kaschnitz durch Rom. Herausgegeben von Iris Schnebel-Kaschnitz und Michael Marschall von Bieberstein. Mit Fotografien von Mario Clementi. it 2607. 196 Seiten

St. Petersburg. Literarische Spaziergänge. Von Ingrid Schalthöfer. Mit farbigen Fotografien. it 2833. 240 Seiten

Trier. Deutschlands älteste Stadt. Reisebuch. Herausgegeben von Michael Schroeder. Mit Fotografien von Konstantin Schroeder. it 1574. 260 Seiten

Tübingen. Ein literarischer Spaziergang. Herausgegeben von Gert Ueding. Mit zahlreichen Abbildungen. it 1246. 384 Seiten

Venedig. Ein Reisebegleiter. Herausgegeben von Doris und Arnold E. Maurer. Mit zahlreichen Fotografien. it 3110. 190 Seiten

Weimar. Ein Reisebegleiter. Von Annette Seemann. Mit farbigen Fotografien. it 3066. 300 Seiten

Wiener Adressen. Ein kulturhistorischer Wegweiser mit Straßenplänen und Fotos von Dietmar Grieser. it 1203. 217 Seiten

Das Wiener Kaffeehaus. Mit zahlreichen Abbildungen und Hinweisen auf Wiener Kaffeehäuser. Herausgegeben von Kurt-Jürgen Heering. it 1318. 318 Seiten

Landschaften • Länder • Kontinente

Amerika

Kalifornien. Ein Reiselesebuch. Herausgegeben von Herbert Genzmer. Mit farbigen Fotografien von Till Bartels. it 2636. 282 Seiten

Harry Graf Kessler. Notizen über Mexiko. Herausgegeben von Alexander Ritter. Mit zahlreichen Abbildungen. it 2176. 182 Seiten

Martin Walser/André Ficus. Die Amerikareise. Versuch, ein Gefühl zu verstehen. Mit 51 farbigen Bildern von André Ficus. it 1243. 117 Seiten

Asien

Indien. Ein Reisebegleiter. Von Martin Kämpchen. it 2996. 272 Seiten

Tibet. Erfahrungen auf dem Dach der Welt. Von Wilhelm Klingenberg. Mit zahlreichen Fotografien. it 1860. 198 Seiten

Deutschland

Hans Christian Andersen. Schattenbilder einer Reise in den Harz, die Sächsische Schweiz etc. etc. im Sommer 1831. Herausgegeben von Ulrich Sonnenberg. Mit zahlreichen zeitgenössischen Abbildungen. it 2818. 232 Seiten